品格的养成
学前儿童的社会与情绪学习

Instructional Design
and Guidance
of Social and Emotional Learning
for Young Children

学前儿童
社会与情绪学习的
活动设计与指导

李 燕　薄丽娜◎编著

华东师范大学出版社
·上海·

图书在版编目(CIP)数据

学前儿童社会与情绪学习的活动设计与指导/李燕,薄丽娜编著.—上海:华东师范大学出版社,2023
ISBN 978-7-5760-3776-0

Ⅰ.①学… Ⅱ.①李…②薄… Ⅲ.①学前儿童-社会教育-教育研究②学前儿童-情绪-教育研究
Ⅳ.①G61

中国国家版本馆 CIP 数据核字(2023)第 090091 号

学前儿童社会与情绪学习的活动设计与指导

编　　著	李　燕　薄丽娜
责任编辑	蒋　将
特约审读	王　杉
责任校对	陈梦雅　时东明
装帧设计	卢晓红

出版发行　华东师范大学出版社
社　　址　上海市中山北路 3663 号　邮编 200062
网　　址　www.ecnupress.com.cn
电　　话　021-60821666　行政传真 021-62572105
客服电话　021-62865537　门市(邮购)电话 021-62869887
地　　址　上海市中山北路 3663 号华东师范大学校内先锋路口
网　　店　http://hdsdcbs.tmall.com

印 刷 者　常熟市文化印刷有限公司
开　　本　787 毫米×1092 毫米　1/16
印　　张　12.75
字　　数　245 千字
版　　次　2024 年 1 月第 1 版
印　　次　2024 年 1 月第 1 次
书　　号　ISBN 978-7-5760-3776-0
定　　价　68.00 元

出 版 人　王　焰

本书编委（按拼音排序）

陈　露　　池奕桦　　董磊雯　　贺依贝　　洪永刚　　黄鼎文　　蒋　静

蒋耀琴　　蒋　月　　梁晓峰　　刘文静　　陆　敏　　陆伟民　　曲　涛

申海燕　　盛　晴　　汪　瑾　　王　芳　　王　茜　　王　燕　　王婧瑶

谢　玮　　徐玉杰　　张　扬　　张爱莲　　张海萍　　周　巍　　朱幸嫣

感谢参与幼儿园（按拼音排序）

宝山区区直机关幼儿园　　　东昌幼儿园　　　　　东方幼儿园

虹口区西街幼儿园　　　　　康弘幼儿园　　　　　明日之星幼儿园

浦南幼儿园　　　　　　　　上海青浦区世界外国语幼儿园

上钢新村幼儿园　　　　　　未来之星幼儿园　　　徐汇区科技幼儿园

徐泾第二幼儿园　　　　　　周浦欧风幼儿园　　　紫薇实验幼儿园

《学前儿童社会与情绪学习的活动设计与指导》
配套案例视频

■ **基于图画书为载体的学前儿童社会—情绪学习活动配套示范案例**

社会－情绪学习5大核心能力	子维度	案例名称	年龄段	执教
自我意识	认知自我情绪	案例1：各种各样的表情	小班	浦南幼儿园 孙利华
	自我觉察	案例2：神奇大脑	大班	浦南幼儿园 徐文汐
	自尊与自信	案例3：独一无二的我	中班	浦南幼儿园 金晓敏
	自我效能	案例4：我会自己做	小班	浦南幼儿园 张灵丽
自我管理	情绪管理	案例5：情绪棒棒糖	小班	徐泾第二幼儿园 唐惠玲
	认知管理	案例6：专注小能手	大班	周浦欧风幼儿园 赵青
	时间管理	案例7：迎新计划书	中班	上钢新村幼儿园 张立群
	行为管理	案例8：遵守规则小行家	小班	周浦欧风幼儿园 谈玮吟
社会意识	理解他人感受	案例9：我们想得不一样	中班	未来之星幼儿园 王珏
	尊重他人	案例10：特别的爱	大班	未来之星幼儿园 秦琰洁
人际关系	建立和维护友谊	案例11：合理说"不"	大班	东昌幼儿园 李怡琳
	沟通交流	案例12：我的小手会"说话"	大班	徐泾第二幼儿园 陶佳忆
	爱与归属	案例13：我爱我家	小班	东昌幼儿园 房徐佳
负责任的决定	需求与选择	案例14：大家一起造房子	大班	明日之星幼儿园 唐海蓉
	解决问题	案例15：愿望商店	中班	明日之星幼儿园 唐佳燕
	承担后果	案例16：我想对你说	小班	明日之星幼儿园 柏宇欣

■ **基于教育戏剧的学前儿童社会—情绪学习活动配套示范案例**

案例17：淘气的毛毛虫（中班）
徐泾第二幼儿园　杨婷

■ **基于机器人编程的学前儿童社会—情绪学习活动配套示范案例**

案例18：嘟嘟过生日（第五课 日记二）
徐汇科技幼儿园　张琦
案例19：嘟嘟的朋友哭了，怎么办（第十课 日记七）
徐汇科技幼儿园　蒋玲玲

■ **基于人机互动的学前儿童社会—情绪学习活动配套示范案例**

案例20：看得见的情绪（大班）
东方幼儿园　刘肖媛
案例21：我是情绪消防员（中班）
上海青浦区世界外国语幼儿园　陈晨

案例22：情绪宝宝来做客（小班）
徐泾第二幼儿园　朱燕

社会与情绪学习是学前儿童的重要发展任务之一。社会—情绪学习（social and emotional learning，SEL）是个体获得社会—情绪能力的过程，包括学习认知和理解自己的情绪、调节控制自己的情绪反应、理解他人的感受并关心与照顾他人、做出负责任的决定、建立并维持良好的人际关系、有效地处理各种人际问题的过程。大量实证研究表明，早期的社会—情绪适应与学龄期的学业适应、社会适应及心理健康、幸福感等关系密切。学前儿童的社会与情绪学习作为一个过程，既需要有设计科学、结构合理、具有发展适宜性和文化适应性特点的显性课程（即集体教学活动）等，也需要有渗透在孩子们的一日生活中的支持他们社会与情绪发展的隐性课程。本书将分别讨论如何通过显性课程和隐性课程为儿童提供发展其社会—情绪能力的机会，支持他们的社会与情绪发展，提高他们的社会与情绪适应并为未来的学校学习和生活做好准备。

在托幼机构开展社会—情绪学习，对很多教师都具有一定的挑战性。本书将讨论几种有效的在集体教学活动或其他一日生活活动，如游戏中开展 SEL 的活动设计范式，包括以图画书为载体的 SEL、基于教育戏剧的 SEL 以及基于机器人编程教育的 SEL 等。我们将在以图画书为载体的 SEL 活动设计中详细讨论自我意识、自我管理、社会认知、人际交往和人际问题解决，以及负责任的决定等领域的活动设计。在基于教育戏剧的 SEL 活动设计中，重点讨论课程理论基础、活动实施过程及教育戏剧活动设计与实施中教师的准备等内容。在基于机器人编程教育的 SEL 活动设计部分，重点讨论编程教育与 SEL 的融合和课程实施策略。

通过对本书前两章的阅读，我们希望学习者对学前儿童社会—情绪学习的基本内容、框架、实施策略以及活动设计的理念等有较为系统的掌握。在后四章的学习中，我们希望学习者能更好地将 SEL 的内容、核心概念和技能融入相关特色活动，根据幼儿园特色，灵活开展学前儿童的社会—情绪学习。

本书由李燕和薄丽娜共同策划，主要参编人员有陈露、张海萍、申海燕、黄鼎文、刘文静、王婧瑶等。

本书注重学科知识的科学性和系统性,更注重在教育教学实践中的应用性。本书以支持学前儿童社会与情绪能力发展为特色,可以作为高等学校学前教育专业的"学前儿童社会与情绪教育"教材,也可以作为幼儿园教师的教学参考用书,更希望可以成为广大家长的良师益友。

目 录

第一章／

学前儿童社会—情绪学习概论

一、什么是社会—情绪学习

社会—情绪学习指个体认识及控制自己的情绪、理解他人感受并表现出对他人的关心及照顾、做负责任的决定、建立并维持良好的人际关系，有效地处理各种问题的学习过程。社会—情绪学习是个体获得做出成功选择所需要的知识、技能、态度和行为技能的过程，是提升儿童社会—情绪能力的重要途径。

社会—情绪能力在个体层面主要是指自我认知和自我管理能力，包括积极的自我认识、自我评价与自尊、认识和调节自己情绪的能力，以及自我激励、为自己行为负责的能力等；在社会层面主要是指他人认知与人际互动能力，包括移情能力、建立人际关系的能力和解决社会问题的能力等。

因此，社会—情绪学习可以提高儿童识别和管理自己的情绪、建立积极的人际关系、解决人际问题的能力，是帮助儿童有效管理生活和提高核心素养的过程。

大量实证研究结果表明，社会—情绪学习和个体发展关系密切，尤其是在儿童早期，孩子展现出健康的社会与情绪状态能够为其终身的学习发展奠定重要基础。早期的社会—情绪学习有助于儿童形成良好的情绪，与周围的人建立正确的关系，适应所处的环境，并能够更好地参与学习活动。因此，在学前教育阶段，学校与家庭应有意识地推进社会—情绪学习，同时这个阶段的孩子初次进入一个家庭之外的社会环境，不断和成人与同龄人建立新的关系，发展个人的社会关系，并参与到集体中，所以社会—情绪学习在幼儿阶段就显得更加重要。

在具有看护职责的成人的引导之下，儿童在不断发展社会—情绪学习相关的一系列技能，包括和亲人之间的相处，与同龄人建立友谊，在社会环境中遵循规则，在集体中解决冲突等。通过这些技能的不断提升，儿童逐渐习得如何在社会中与他人相处，进行自我的价值判断，应对环境所提供的不同信息。在社会中与他人友好相处并建立健康的关系，会给儿童带来舒适感、安全感和乐趣，鼓励孩子在新的世界里勇于探险和尝试。

此外，大量的研究和数据都表明了社会—情绪学习和学业成就之间有着紧密的联系，因为社会—情绪技能的协同发展能够促进和帮助孩子们进行更高层次的思考，引导他们将思考、感受和行为相结合，而这就需要早期有意识地对儿童进行塑造，积极教授社会—情绪学习的相关方法，才能够对孩子未来的学习生活产生正面影响。

二、学前儿童社会—情绪学习的内容结构

关于学前儿童社会—情绪学习发展的特点分析，本书参考了国际权威组织

(Collaborative for Academic，Social and Emotional Learning，CASEL)研发的社会—情绪学习框架，考虑到"做负责任的决定"渗透在其他各方面中，我们主要从自我意识、自我管理、社会意识和人际交往能力几个方面进行分析，详细介绍不同方面的概念结构、影响因素以及 3—6 岁幼儿在该方面的年龄特征。

（一）自我意识的概念与结构

自我意识指能够理解自己的情绪、想法、价值并明白它们如何在特定的环境中影响自身行为(CASEL，2020)。幼儿的自我意识(又称之为自我)是作为主体的我对于自己以及自己与周围事物的关系，尤其是人我关系的认识。

自我意识主要包括自我认识、自我体验和自我调控三个方面(钱文，2015)。

1. 自我认识

自我认识，是自我意识中的认知成分，是指主观自我对于客观自我的认识与评价，包括对于个人性格特质、情感态度和行为活动的客观评价。积极的自我认识能够对于个人的心理状态和行为表现产生正面影响，相反，消极的自我认识则不利于个人的身心成长，会产生负面影响。同时，如果个体对于自我的认识与他人对于自我的评价差距太大，会产生相应矛盾，形成自满或自卑等心理特征。

2. 自我体验

自我体验是自我意识中的情感成分，是指主观自我对于客观自我的态度，包括自信、自卑、自满等情绪态度。自我体验一方面与自我评价有关，另一方面受社会价值标准影响，良好的自我体验对于个人发展会产生积极的推进作用。

3. 自我调控

自我调控是自我意识中的意志成分，包括对于自身情绪和言语行为的控制，具体可表现为通过发动和制止两个方面调节自身的行为，可主动推进积极行为的产生与发展，也能够抑制不相关行为的进行。成熟的自我意识表现为能辨别与认识自己或他人的情感、识别自身情绪的诱导因素(准确的自我觉察)、分析情感并识别情绪如何影响我们、识别自己的优点与缺陷、对自己的需求与价值有清晰明确的认知，以及较高的自我效能感和自尊水平。

在幼儿阶段，自我的发展具体表现在独立性和积极的自我形象。在独立性方面，我们可以看到孩子会探索新材料和新环境。比如，在户外玩耍时会短暂地离开父母的身边；会尝试游乐园中没有玩过的设施；尝试教室里的新活动或新玩法；大班幼儿在参观小学时能保持积极性。我们还可以发现：孩子在离开父母时不会哭闹；在寻求帮助之前，先尝试自己解决问题；能坚持或再次尝试具有挑战性的活动。比如，幼儿在轮滑摔倒后要求再次尝试；帮忙整理直到周围的物品都放好；积木塔倒了之后会再次搭建。

在积极的自我形象方面，我们可以看到孩子会展示他/她的作品，并为自己取得的成就而自豪。比如，会给你看他/她完成的画作；告诉其他成年人"看我跑得多快"；描述他/她做了什么，如"妈妈，我把这个剪下来，贴上胶带，然后把闪光粉倒上去了，是不是很美"；在幼儿园表演节目，如唱歌、跳舞；会去主动分享自己喜欢的故事。我们还可以发现孩子会对自己做出积极的评价。比如，会对成人说："我自己会做"；或描述自己的表现："你看，我做了一个大恐龙"；描述自己的特点："我擅长剪东西"。另外，孩子知道自己的基本信息。比如，能回答自己的名字、年龄和性别以及自己的属相、幼儿园、班级、家庭地址等信息。

（二）自我管理的概念与结构

自我管理指在不同情况下能够有效控制自身情绪、想法和行为并达到特定目的的能力。自我管理能力是幼儿人生发展中必须具备的一项重要能力，它是一种内在的心理品质，影响到幼儿的学习成长、情绪感受以及社会适应等诸多方面。

自我管理是个体控制自己行为的过程，在这个过程中需要使用一系列自我管理策略，如自我激励、自我指导、自我监督、自我评价和自我强化（Kartal & Ozkan，2015）。培养幼儿的自我管理能力，就是要让幼儿学会投入特定活动中，培养自我监督、自我指导、保持注意力集中的能力，以帮助他们完成特定任务（Shapiro，1981）。个体较高的自我管理能力表现为：能根据目标制定计划和工作，能克服困难并为更长远的目标制定策略，能朝着自身学习方面的长期和短期目标来监控自己的进步、控制自己的情绪，比如说冲动、骄傲和自我毁灭的行为；能控制自身和人际间的压力，能有效地使用反馈，展现出积极的动机、希望、乐观，当需要帮助的时候能寻求帮助并展现出勇气、毅力和坚持不懈。自我管理能力主要包括认知管理、行为管理和情绪管理三方面的内容。以下将作详细阐释。

1. 认知管理

认知管理指能够直接作用于学业的相关能力的管理，包括注意力、坚持性、专注程度、目标意识等，具体体现在自我监控能力、进取心和主动性等方面。自我监控能力是个体监督和管理思维、注意、感觉和行为以实现目标的重要技能。广义上，自我监控是个体由其行为受动物本能支配的原始状态向文明人状态转化过程中的根本要素。狭义上，自我监控是人们控制其功能和内部状态的诸多过程（Janice Englander Katz，2015）。自我监控的发展使幼儿越来越有能力控制身体机能、管理强烈的情绪并保持专注力。自我监控能力高的幼儿具有较强的独立自主性，是自身学习与发展的主体。支持幼儿自我监控技能发展的重要目的是培养幼儿的自律以实现自我管理。进取心和主动性是认知管理的另一个重要方面，指幼儿不依靠外部力量推动，自觉参与游戏、学习活动和探索问题的心理动机和行动（谢冬梅，1999）。在生活和游戏中，培养幼儿的主动精神，既为他们将来学习和工作中的创造性发展奠定了良好的基础，也对他们自觉学习知识、创造性地解决问题有着深远的影响。

总之,拥有这些品质的幼儿,能够监督自己,能集中注意力完成任务,能在挫折中自我激励,对成长和学习新知识有很强的胜任力和自信心,并对自己的潜能和未来充满希望。

2. 行为管理

行为管理就是幼儿对可能发生或已存在的行为问题进行预防和控制,包括控制行为问题的发生,减少攻击性、破坏性、扰乱性等行为,增加顺从、合作、亲社会行为。幼儿问题行为主要分为两类:内隐问题行为与外显问题行为,前者指焦虑、不安、抑郁、退缩等情绪问题,后者指攻击性、反抗性、反社会性、过度活动等行为问题。问题行为在幼儿的成长过程中相当普遍,并且持续时间长,阻碍幼儿社会性、个性和认知的发展(陈会昌,张宏学,阴军莉,等,2004)。

3. 情绪管理

情绪管理包括能正确处理情绪,摆脱消极情绪,如焦虑、伤心等的能力,自我安慰的能力以及自我激励的能力等。管理的过程中涉及到管理自己的情绪体验,如体察自己的情绪并尝试缓解(如,生气时尝试深呼吸);管理与情绪有关的机体反应(如,让自己因害怕而发抖的身体慢慢恢复平静);管理与情绪有关的归因与评价(如,从积极的角度思考遇到的不开心事情);管理与情绪有关的表情(如,收到朋友送的不喜欢礼物时适当控制自己的失望表情)。

对幼儿自我管理能力的培养,还要关注培养他们的责任意识以及尊重他人的意识,培养他们对自己、对他人、对社会负责任的精神,并在此基础上学习如何做出恰当的选择。

(三) 社会意识的概念与结构

幼儿从出生开始便与世界接触,并受到周围世界的影响,在与周围世界的互动中,形成对世界的认识。幼儿通过与他人交往和观察理解他人的行为,形成对社会的认知。

幼儿的社会认知能力与幼儿的自我意识、人际交往、情绪情感、社会行为等之间有着密切的关系,因此,涉及的内容繁杂。从广义上说,社会认知能力包括幼儿对社会经验的认知过程,也包括幼儿经过认知过程获得的社会认知经验,这些经验包括幼儿的自我认知、他人认知、人际关系认知、社会环境认知、社会角色认知、社会规则、社会事件认知。对人的认知又包括对人的情感、意图、知觉、态度、动机等心理特征和过程的认知。

较高水平的社会意识表现为:能通过识别人际交往间的线索(身体语言或口头语言)来判定其他人的感受,能预测他人的感受和反应,能尊重他人、尊重个体差异性,能识别并且能够使用家庭、学校以及社区的资源。

前文已经详细阐述过自我认知的含义,接下来将从他人认知、人际关系认知和社会规则认知三个方面进行详细说明。

1. 他人认知

他人认知也称之为移情和观点采择，作为一种心理品质，它对幼儿形成良好的人际关系和道德品质，保持心理健康，乃至走向成功都有重要作用。科学家爱因斯坦说过："人生的意义就在于设身处地为别人着想，乐别人之乐，忧别人之忧。"很多成功的人都具有这种能力，会站在别人的角度观察事物，了解对方的观点，体验对方的情感。

移情能力是一种替代性的情绪反应能力，指幼儿能分享别人的情感，对他人的处境感同身受，客观理解、分析他人情感的能力，是个体真实感受与他人情绪相一致的情绪体验。观点采择是指幼儿推断别人内部心理活动的能力，即能设身处地理解他人的思想、愿望、情感等。个体必须首先能发现自己与他人观点之间存在的差异，把自己观点和他人观点区分开来，进而对他人的观点做出准确的推测（丁芳，2002）。由此可见，移情和观点采择的本质特征在于个体认识上的去自我中心化，即能够站在他人的角度看待问题。幼儿只有具有了一定的移情及观点采择能力，才能进一步提升其社会认知。

2. 人际关系认知

人际关系是人们在生产或生活活动过程中所建立的一种社会关系，是人与人在交往中建立的心理上的直接联系。人际关系认知是指个体对他人、对与他人关系的理解和认识，是社会认知非常重要的部分。幼儿的社会认知是在人际交往活动中发展的，认知所获得的经验反过来又会影响人际关系。对人际关系的认知能够提升社会能力、人际感受力以及在复杂社会中对自我和他人、自我和群体关系的意识（Diamond，2015）。在人际认知中，儿童开始理解行为怎样与目标、情感、愿望、思维和信念相关联，理解社会交互作用，如受到两个或两个以上个体之间并行心理状态的影响。

具体来说，儿童的人际关系认知包括儿童对他人的认知（如最初的重要他人，到邻居、幼儿园教师、同伴等）、儿童对他人的理解（如对他人行为心理的解释、对他人个性的理解）以及儿童的换位思考能力。心理学家皮亚杰认为，儿童会出现以自我为中心的思维方式，但后皮亚杰时代认知发展研究发现，儿童有强烈的兴趣来理解他人的心理世界以及不同人的心理状态差异（Laura E. Berk，2014）。心理学研究也发现，婴幼儿在早期同样拥有共情和移情的能力。通过成人的有效引导，儿童会逐渐强化换位思考的能力。

3. 社会规则认知

社会规则是社会认知的重要部分，幼儿只有了解社会规则并养成遵守社会规则的行为习惯，才能更好地适应社会生活。幼儿对社会规则的学习是一个外部活动向内部活动转化的过程，要经过一个相当长的时间才可以完成。我国的一些学者把幼儿对社会规范的认知分为三个阶段，即服从、模仿和理解。

具体社会规则认知的内容包括：（1）基本道德规则，即对是与非、对与错、爱和憎等道德问题的认知与判断；（2）文明礼貌行为规则，包括个体的素质和修养、人际交往与言谈举止的礼仪与规则等；（3）公共场所行为规则，包括公共卫生规则、公共交通规则、公共财产保护和爱护规则等；（4）集体活动的规则，包括学习、游戏和生活等集体活动应遵守的规则，如排队、轮流、等待、礼让等；（5）安全规则，是用以保护幼儿安全的行为规则。以上这些社会行为规则，其中包含了人际交往的规则，幼儿只有认知、遵守和维护这些规则，才能在交往中被群体接纳和认可。规则意识培养是规则教育的重要方面，人在社会中只有遵循了规则，才能被群体接纳，而规则的遵守需要幼儿的坚持性、自制力，需要幼儿支配和控制自己的行为。

（四）人际交往能力的概念与结构

关于人际交往能力的研究最早可以追溯 1920 年著名心理学家桑迪克提出的"社会智能（Social Intelligence）"（Thorndike，1920）。桑迪克把社会智能定义为理解他人并且明智地处理与他人之间的关系的能力。随后，心理学研究者提出了"社会能力（Social Competence）"。随着对各种具体能力不断深入的研究，人们开始提出"人际交往能力（Interpersonal Competence）"。

较强的人际交往能力表现为：有建立和维持友谊的能力；有展现出合作学习以及朝着集体目标努力的行为；在人际关系中能控制并表达情绪；尊重不同的观点，能有效地交流；与那些能够提供帮助的人建立人际关系，向需要帮助的人提供帮助；当需要表现出果断与说服性的情况下，能表现出领导力；避免人际间的冲突，但当冲突出现的时候能够成功地解决；能有效抵制不合理的社会人际压力。

从发展人际交往能力的过程和结果的角度来看，斯皮茨伯格（Spitzberg，1989）将人际交往能力定义为个体有效地与他人相处的能力。郭晓均、徐雁（2006）认为，人际交往能力是指对人际关系的感受、适应、协调和处理的能力。王英春和邹泓（2009）认为，人际交往能力是在人际交往过程中，个体具有交往意愿，积极主动参与交往，并且表现出有效和适宜的交往行为，从而使自身与他人的关系处于和谐状态的能力。哈佛教育学院心理学家霍德华·加德纳在其多元智力理论中指出人际关系能力就是"能够理解他人的情绪、气质、动机以及欲望，并能做出适度的反应"。从这些含义来看，人际交往能力的过程就是积极有效地相处、感受并协调行为反应，结果就是形成和谐稳定的人际关系。

从人际交往能力包含的能力结构角度来看，布尔梅斯特（Buhrmester，1988）认为，人际交往能力包含五种能力特质，即人际关系建立能力、自我表露能力、表达不满适度拒绝的能力、提供情感支持能力、管理人际冲突的能力。霍德华·加德纳将人际关系能力分为四种：领导能力，发展人际关系并保持友谊的能力，化解冲突的能力以及善于分析社会关系的能力。梅琴鲍姆等人（Mechenbaum，Butler & Gruson，1981)定义了人际交往能力的三种成分：一是外在的行为、二是认知过程、三是认知结构。认知结构是指在认知过程和外在行为下的扩大的动机和情感结构。郭晓均、徐雁（2006)认为，人际交往能力主要包括人际认知能力、人际情绪控制能力和人际语言沟通能力三个层次。由此可见，人际交往能力的能力结构包括情绪理解和分析社会关系的能力、有效的沟通交流能力、发展并保持友谊的能力、控制和化解冲突的能力。

综上，人际交往能力是指个体积极地与他人相处，建立并保持良好的人际关系的能力。包括情绪理解和分析社会关系的能力、有效沟通交流的能力、发展并保持友谊的能力、控制和化解冲突的能力。我们在探讨幼儿人际交往能力的过程中应重点关注幼儿同伴交往的能力。

（五）做负责任的决定的能力。

做出负责任的决策，可以让儿童在心中考虑多重的因素（如道德标准、行为准则、对他人的尊重和合理的关注等）。这个能力包括了个体识别问题的能力，即遇到了社交上、学习上的问题的时候，他们可以想出合适的解决方法（许批，2017)。具体表现为：在学校中能做出选择；能商讨出抵制同辈压力的策略；能反思出当前的选择会影响未来的生活；当在做决定与选择的时候能够识别困难；当在做出合理选择的时候，能解决问题；能够自我反思与自我评价，能在道德、人际和伦理的基础之上做出选择；能做出有责任心的判断并影响个人、学校与团体；在人际互动中善于用协商的方式与大家达成一致。

三、学前儿童社会—情绪发展的影响因素

儿童从一个生物个体到一个社会成员的转化，受到多种因素的影响。接下来我们将探讨对学前儿童社会—情绪发展产生影响的各种因素，其中主要包括儿童自身因素、家庭因素、幼儿园因素以及文化与大众传媒因素。

（一）儿童自身因素对学前儿童社会—情绪发展的影响

1. 年龄和性别

品拓（Pinto)在2015年的研究中发现，对学前儿童而言，自我意识幼儿园学习阶段（5岁）结束时有下降趋势。而国内学者韩进之等人（1985)和刘小先（2009)也分别发现，自我意识随着年龄的变化也会出现上升或下降的表现，而非随着年龄的增加而不断提高。另外，幼儿基本的自理能力、自我认知能力、情绪管理能力与年龄有较大关系，随着年龄的增大，幼儿的生理逐渐成熟，自我管理能力会随之增强，对事物

产生自己的认知,学会如何控制自己的情绪,并能够做出适当的行为反应。

已有研究表明,儿童的自我概念和自尊都会存在性别差异。在中国儿童的自我概念研究中,研究者发现女孩组在学习成绩、同伴关系、行为表现、与成人交往、集体关系、外貌、自我控制报告的得分显著高于男孩组(王爱民,任桂英,2004)。在自尊方面,研究者发现儿童总体自尊以及外表感维度存在显著的性别差异,女生发展水平显著高于男生(张丽华,杨丽珠,2006)。

2. 社会认知能力

社会认知是指个体对人、自我、人际关系、社会群体、社会角色和规则的认知,以及对这些观点与社会行为的关系的认识与推论。学前儿童的社会认知能力主要表现在观点采择、移情能力和心理理论等方面(张文新,1996),社会认知能力的发展可以使儿童根据他人的社会行为推断出他人的想法、信念和情绪,从而使自己能够站在他人的角度看问题。因此,一个孩子表现出的社会认知程度越高,意味着在人际交往中他更有可能对他人的行为做出合理的解释并表现出适宜的交往行为,他就会越受欢迎,更容易与他人成为玩伴(Rubin et al.,2016)。

儿童在社会中不断学习将自我的内心与他人的观点进行交流,想象、体验他人的观点,并将自我与他人的观点进行比较,进而采纳他人的观点。在这一过程中,儿童的自我概念随着社会认知经验的发展不断完善,同时在不断的社会比较过程中,儿童的自尊水平也越来越趋于客观。

3. 个人气质

幼儿气质的稳定性使同伴的交往方式、态度具有一定的倾向性。庞丽娟(1991)研究发现,积极友好、外向、活泼、较大胆、爱说话的儿童比较受欢迎;性子急、脾气大、易冲动、过于活泼好动的儿童容易被拒绝;内向、好静、慢性、脾气小、不易兴奋与冲动、胆子较小的儿童则易被忽视。刘文(2002)研究发现,受欢迎的儿童其气质特点为情绪稳定、不激烈、活动的强度和速度适中;而被拒绝的儿童其气质特点为情绪不稳定、爱冲动、情绪激烈,适应性一般、注意力易分散。

(二)家庭因素对学前儿童社会—情绪发展的影响

家庭承担着满足幼儿身体发展需要、养育和完成个体社会化的职责。家庭成员与幼儿长期接触,是幼儿的第一任老师,能提供给幼儿最初的社会关系、行为和角色模式,提供或限制与同伴、社区接触的机会,所以家庭在向幼儿传递行为方式、观念、信仰等方面起到了第一位的作用(Garbarino,1992)。家庭因素在幼儿的自我管理发展中产生了重要的影响,包含家庭的经济水平、家庭成员的受教育程度、家庭成员之间的关系以及对幼儿的陪伴时间。总体来讲,家庭教养方式、家庭关系状况、父母的学历背景、父母陪伴孩子状况、孩子的社区玩耍情况等方面对于幼儿自我管理能力发展的影响相对明显(李勇,2015)。

稳定的家庭成员关系，和谐的家庭氛围，合理的家庭教养方式能够对幼儿的自我管理发展产生积极的影响。每个家庭成员应该明确自己的教育角色，适当引导孩子判断周围情况，识别自身以及他人情绪，并有效控制自己的情绪和行为。同时，家庭成员的榜样作用也是幼儿自我管理培养必不可缺的，合理的榜样行为会引起幼儿的直接模仿，促使幼儿产生自驱力，养成良好的自我控制习惯。

1. 家庭社会经济地位

家庭社会经济地位是家庭经济资本、人力资本和社会资本的结合，主要包括父母受教育水平、父母职业和家庭收入几个关键性指标。它与儿童自我概念的关系已经得到了多项研究的证明，与其他几个指标相比，父母受教育程度对儿童自我概念的影响更大。研究发现：女生明显受到父母职业的影响，男生未受影响，可能与男生生理与心理成熟较女生晚有关（卢谢峰，韩丽敏，2008）。

2. 父母的教养方式

研究发现父母对儿童采取温暖与理解的教养方式会促进儿童自我概念与自尊的发展（魏运华，1999）：父母合理的期望有助于儿童明确行为准则，根据理性标准评价行为，形成较高的自我概念，同时父母对儿童温暖积极的态度会让儿童感到自己值得被爱，产生较高水平的自尊；相反，如果父母对儿童采取惩罚与严厉、过分干涉、拒绝与否认、过度保护等教养方式则会让儿童产生消极的自我概念，阻碍儿童自尊的发展。

3. 家长的介入指导

研究者（Hart et al.，1997）认为父母对儿童同伴联系的总量会产生影响，儿童的同伴联系有赖于父母作为中间人，是否鼓励他们寻找玩伴，是否鼓励他们上幼儿园，是否鼓励他们经常参加同伴间的活动。如果父母经常鼓励幼儿参加非正式的同伴游戏，就会为儿童提供更多与他人交往的机会，从而获得良好的人际关系与社交技能（Ladd，LeSieur＆Profilet，1993）。如果父母能够对儿童同伴间的交往进行监控，对孩子的冲突进行及时的介入指导，能让儿童获得更好的社会交往技能，获得较高的同伴接受（Parker et al.，2004）。如果父母经常发脾气、下命令，通常会引发儿童的消极反应，抑制儿童社会性交往的发展（Isley et al.，1999）。父母对幼儿的感情投入，经常性的交流与互动可以预测幼儿亲社会行为和积极的同伴关系（Clark＆Ladd，2000）。

（三）幼儿园因素对学前儿童社会—情绪发展的影响

幼儿园教育因素是幼儿自我管理能力发展的主导因素，在幼儿阶段的教育中，幼儿园教师的受教育背景和教学方式对幼儿的自我管理能力的发展影响较大，并随着幼儿年纪的增长，影响也同步增大。合理的教学方式和教学活动能够提高幼儿的自我管理意识与自我管理能力，让孩子在日常的课堂中学习到如何合理控制自己的情绪,培养积极的情绪,控制消极情绪,并产生合适的应对行为。

1. 教师

在幼儿园中,教师的教学行为以及师生关系均会影响儿童自我意识的发展。研究者发现,在师生交往中教师对学生行为的评价、情绪反应和行为表现影响着学生对自己的体验和评价,对学生自我意识和自尊心的发展有着重要作用(梁兵,1993)。对于师生关系,研究发现亲密型师生关系更有利于小学生自我概念的健康发展,而冷漠型师生关系最有碍于小学生的自我概念发展(林崇德等,2001)。

教师通过教导幼儿、示范社会行为和态度、设计自然环境、制定常规原则、训练幼儿等来影响幼儿的人际交往能力。这些策略相互结合为社会习得创造了环境,当这一环境是积极的,并且幼儿与教育者有着积极的互动关系,那么幼儿就会获得较强的人际交往能力。文霞(2011)采用游戏、模拟情景和真实环境中的交往训练等方法,对两名被拒绝和被忽视幼儿进行了个案干预研究。结果表明,幼儿在真实的生活、学习环境下接受干预计划,能够更有效地提高幼儿的同伴交往能力,增强幼儿交往的自信心。刘丽娟(2017)在系统梳理了国外优秀社会与情绪学习项目的内容与实施基础上,结合我国部分政策和纲领性文件对幼儿社会性发展的要求,设计并实施了以人际交往为核心的社会与情绪学习课程。结果发现:在人际交往为核心的社会与情绪学习课程实施之后,实验班幼儿对伤心、生气情绪的理解水平显著提高,实验班幼儿的情绪症状明显减少,亲社会行为明显增多,人际交往能力和人际问题解决能力显著增强。

2. 同伴

儿童同伴关系的发展是社会性发展的开端,可以促进儿童某些社会性和人际能力的发展,而这些能力是难以在亲子互动中获得的。在托幼机构、幼儿园和邻近地方与同龄幼儿接触时,有大量的社会习得发生。经常与同伴接触可以练习儿童基本的互动规则,掌握人际交往的技巧,并发展出良好的社会行为(Hartup, 1989; Higley et al. , 1992)。在同伴交往中的社会协商、讨论和解决冲突能够帮助幼儿学习理解他人的想法、情绪、动机和意图,这种理解使幼儿能够考虑他们的行为对自己和他人所产生的后果(Rubin & Rose-Krasnor, 1992)。在儿童同伴团体中,研究者发现与拥有良好同伴关系的儿童相比,在幼儿园中被同伴拒绝的儿童在进入小学、中学和大学后更容易出现辍学、暴力或参与犯罪活动,并可能产生严重的心理问题。

随着儿童年龄的增长,同伴的评价发挥了比父母和教师更重要的作用。研究者强调同伴交往经验对自我概念和人格发展的重要性,认为人有被同类赞赏的本能倾向,如果没有得到足够的关注,就可能对自我价值产生疑问(Hartup, 1996)。满意的同伴关系会使儿童产生归属感和胜任感,减少敌意、焦虑和抑郁特征,促进儿童自尊的发展。而被同伴群体孤立的体验将导致少年儿童的自卑感,被拒绝或社交退缩的青少年和儿童由于与同伴积极交往的机会有限，各方面的发展都会受到明显消极的影响（Parkhurst & Asher，1992）。

（四）文化与大众传媒对学前儿童社会—情绪发展的影响

特定的社会文化制约个体自我概念的发展。跨文化研究表明不同社会环境下的自我概念发展并不遵循统一规律。在个人主义文化下，个人更倾向于从自主、独立和创造的角度建构自我概念，强调自我价值的实现，重视独立和自我满足，强调"私我"；在集体主义文化下，儿童更倾向于从人际和联系的角度构建自我概念，而且成人也鼓励儿童遵守群体规范，重视一致和遵从，强调"公我"（Chen，Wang & Liu，2012）。

大众传媒给学前儿童带来大量的信息，丰富其社交知识经验，能增进幼儿合作、帮助、谦让以及同情等亲社会行为，帮助性别角色获得，促进学前儿童是非观和道德观的初步建立。信息中传递的内容、动画角色中共同崇拜的"影响"往往也会成为幼儿之间谈论的话题或者游戏的脚本部分。但是，我们同时需要关注到，大众传媒传播的信息良莠不齐，错误的角色榜样，扭曲的价值观等不利于孩子社会—情绪发展。当孩子过多时间花费在电视、手机和网络上，那必会牺牲出去游戏、与人社交的机会。

第二章／

学前儿童社会—情绪学习活动的实施指南

师：今天，我请到了我们的新朋友跳跳马和我们来说一说他的喜好。我们来听一听他喜欢些什么东西。

木偶1：大家好，我是跳……跳马，我……（木偶的眼睛始终对着地板）

师：跳跳马似乎有点儿紧张。你们从哪里看出来了？

幼A：他说话说不完整。

幼B：他一直低着头。

师：是呀，他一直不敢看着大家伙儿的眼睛。我们来请蹦蹦虎帮帮他的忙。

木偶2：跳跳马，你别怕，和我一样看着大家。大家好，我是蹦蹦虎，我最喜欢蹦来蹦去了，所以妈妈叫我蹦蹦虎。（第二遍演示，木偶看着孩子的眼睛）

师：大家看到蹦蹦虎的表现了吗？大家更喜欢跳跳马的介绍还是蹦蹦虎的介绍呢？

众幼：蹦蹦虎。

师：是呀，蹦蹦虎和别人说话的时候会看着别人的眼睛。谁愿意上来看着蹦蹦虎的眼睛和他说说话。

幼C：你好，蹦蹦虎。我是×××。（眼睛看着木偶）

木偶2：你好，很高兴认识你，你的眼睛真好看。

——来自教学片段《我需要一个拥抱》

幼儿的社会—情绪学习，既需要在一日生活中养成，也要通过精心设计的显性课程实现。以下我们分别讨论独立开设的社会—情绪学习显性课程，以及在一日生活中促进幼儿社会—情绪学习的隐性课程。

第一节 设置独立的学前儿童社会—情绪学习课程

近几年来我国学前教育界越来越重视学前阶段儿童社会—情绪的学习,对社会—情绪课程的探讨也在不断增加。本节对国内外经典的社会—情绪课程探索进行梳理,以此为幼儿园社会—情绪课程的构建和实施提供思路和借鉴。

一、国外的社会—情绪课程探索

1994 年,美国丹尼尔等人创建社会—情绪教育委员会(Collaborative for Academic Social and Emotional Learning, CASEL),社会—情绪教育委员会致力于从幼儿阶段到中学阶段儿童的社会—情绪能力的研究,并设计与实施适合不同年龄阶段儿童发展的社会—情绪教育研究方案,以提高他们的社会—情绪能力和社会适应能力。

2003 年,CASEL 组织研究评估出了有效提高学生社会—情绪能力的六个优秀项目,分别为"促进选择性思维策略"(Promoting Alternative Thinking Strategies)、"创造性解决冲突与合作学习"(Resolving Conflict Creatively and Partners in Learning)、"第二步"(Second Step)、"关爱学校团体"(Caring School Community)、"多种冲突解决"(Productive Conflict Resolution)及近期发展的"强健儿童"(Strong Kids)课程项目。本节将分别以国内幼教借鉴较多的"路径"(PATHS)和 Second Step 为例,讨论社会—情绪学习项目的内容、实施方案以及课程实施效果。

(一)促进选择性思维策略课程

促进选择性思维策略(Promoting Alternative Thinking Strategies,以下简称 PATHS)课程是由宾夕法尼亚大学马克·格林伯格(Mark Greenberg)和卡洛·库舍(Carol Kusche)等人在 20 世纪 80 年代研究开发的一个综合性情绪教养课程(高月梅,张泓,2005),通过将近 30 年的研究,该项目被 CASEL 组织评为优秀的社会—情绪学习项目。该项目适用于 5—12 岁的儿童,是基于学校层面在班级中实施的可长期实施的干预性课程。该课程基于情感-行为-认知-动力-效能模型(Affective-behavioral-cognitive-developmental-efficacy Model,ABCD 模型)和神经认知发展模型(Neurocognitive Models of Development)(Kam, Greenberg & Kusche, 2004;

Riggs，Greenberg & Kusche，2006）。

课程的培养目标是提升儿童情绪理解能力和社交问题解决技能；改善攻击行为；整合情感、认知、语言和行为以提高儿童认知和学业成绩。该项目尤其侧重于促进儿童的情绪发展、自我调节和解决社会问题的能力。PATHS课程旨在帮助儿童在自控能力、自我评价、情绪理解、社交技能和同伴关系等方面得到发展和提高。

1. PATHS的课程结构

PATHS课程包含5个主要的概念：自我控制（Self-control）、情绪理解（Emotional Understanding）、积极自尊（Positive Self-esteem）、关系（Relationships）和人际问题解决技能（Interpersonal Problem-solving Skills），属于"社会—情绪学习"项目中的独立课程，即有相对独立的授课时间、教学内容和教学资源的一种课程模式。完整的PATHS课程包含131节课和其他教学资源，如教师手册、各式海报挂图、一套照片、情绪脸谱以及与各单元教学内容相配套的情绪图片等（许苏，夏正江，赵洁，2016）。

PATHS课程分为如下三个主题单元。

准备和自我控制单元（Readiness and Self-control Unit），总计12节课，主要学习"小乌龟"其重点培养幼儿基本的自我控制能力，教师通过建立有效的强化机制，鼓励幼儿在课堂内外自觉学习"小乌龟"，从而达到对其积极行为的强化。

情感和关系单元（Feelings and Relationships），总计56节课，主要指导幼儿了解30多种不同的情绪，既有基本情绪状态也有高级情绪状态，教师使用卡通图片，让幼儿理解各种情绪的面部表情，促进幼儿对情绪的理解。积极情绪使用黄色卡片，消极情绪使用蓝色卡片。在此单元教师还要让幼儿明白无论是好的还是不好的情绪都是可以接受的，这能帮助幼儿识别、利用这些情绪情感信息理性对待情绪从而对自己的思想和行为做出正确的指导。

问题解决单元（Problem Solving Unit），总计33节课，培养幼儿的人际问题解决能力以及能将所学的技能灵活运用于同伴交往和生活。在这三个单元中，还包含一些培养幼儿积极自尊和增强同伴之间交流及关系的内容。

另外，还有一个附加单元，总计30节课，主要是回顾和拓展之前所学内容以及帮助大班孩子更好适应小学生活的幼小衔接的相关内容，具有融合性和连贯性。

PATHS课程的课程结构包含如下三大部分。

第一，授课。PATHS课程提供了一个完整的教案，使用"螺旋型"课程模型，主要包括：（1）重复回顾的主题和概念；（2）符合发展规律的单元和课程；（3）融会贯通的新旧知识点；（4）通过学习不同话题和概念逐渐加深幼儿对课程的吸收程度。授课目标是教授幼儿具体技巧，形式有一周1～2次的课堂教学、角色扮演、家庭活动。

第二,泛化的活动和技巧。目标是将所学的技巧应用于每日的学校生活和环境中,形式有使用情绪脸谱卡片用于学习对情绪的观察、技巧练习(学习"小乌龟"平静下来的三个步骤)、利用可教授的时机强化技巧、与其他课程或活动相结合、"问题解决会议"。

第三,家长材料。目标是将在幼儿园的所学扩展到家庭环境中,形式有通过家长信分享概念和目标,参加拓展活动以及鼓励练习和谈论。

这三大部分可以有效减少危机诱因,增加预防要素。如此,短期内可以看见促进情绪的理解和觉察、促进自我控制和促进社交问题的解决的成效;长期内可以看见减少反社会行为、促进社交情绪技能、促进认知能力和促进学业成绩的成效。

PATHS 课程采用教师授课的形式,与幼儿园已有的课程一起开展,跨度为 36 个月。课程内容覆盖了七种社会—情绪学习的相关主题:基本情绪Ⅰ～Ⅱ;赞美;自我控制策略;分享、关怀和友谊;基本问题解决;中级情绪;高级情绪(Domitrovich, Greenberg & Kusche, 2004)。由课程执教教师在欢快的圆圈时间(circle time)中开始,通常每周 1 课时,每课时根据授课班级幼儿年龄的不同持续 25～30 分钟。采用的教学形式主要有对话、手偶表演、角色扮演、儿歌游戏、讲故事、教师示范、视频观看和自我强化等。

2. PATHS 课程评价

PATHS 课程从引进我国到实施探索时间不长,幼儿园在具体实施过程中由于对课程的理解、认知的不同,存在着诸多的"消化不良",主要表现在以下几个方面。(1)家园合力难以形成。课程执教教师由于是首次接触社会—情绪学习课程,在面向家长进行课程介绍时缺乏丰富的专业知识造成家长对课程的理解不足,因此影响课程教学的后延性和一体性。(2)课程存在内容过长、过多的现象,留给教师发挥的空间过小。(3)另外,难以贯穿幼儿一日活动,辅助教具过于单一,评价周期过短,也是我们在实施过程中需要关注的问题。

(二)"第二步"(SECOND STEP)课程

"第二步"课程是由美国儿童委员会(Committee for Children)研发的社会—情绪学习课程,获得 CASEL(学术、社会和情感学习合作组织)推荐。"第二步"课程基于的理论框架包括认知-行为模型(Cognitive-Behavioral Model)、社会学习理论(Social Learning Theory)和社会信息加工模型(Social Information Processing Model)。

"第二步"项目主要包括三大课程内容:"第二步社会—情绪课程"(Second Step SEL)、"第二步预防欺凌单元"(Second Step Bullying Prevention Unit)和"第二步儿童保护单元"(Second Step Child Protection Unit)。其中社会—情绪课程的年级段覆盖 Pre K 至 8 年级,不同学段(3—5 岁、5—6 岁、1—8 年级)有着不同的课程,目前正在开发高中课程。尽管课程有年龄段之分,但是课程所涉及的单元都旨在让学生在观察中学习社会与情绪技能,并通过训练提升学生共情能力,掌握控制情绪的办法,以及通过自我对话等方式来有效提高解决社会问题的能力(Edwards, Hunt & Meyers, 2005)。大量实证研究表明,该课程通过培养儿童的社会—情绪能力,有效减少了儿童问题行为的发生(Grossman, 1997; Cooke, 2007),并显著提高了儿童的执行功能(指一种基础性的认知技能,与儿童的入学准备和学业成就密切相关)(Wenz-Gross, Yoo & Upshu, 2018)。

1. "第二步"课程结构

"第二步"幼儿园课程在学前阶段用于小班-中班(早期阶段,Early Learning,3—5 岁)和大班(学前班,Kindergarten,5—6 岁)。3—5 岁的课程包含五个教学单元,每个单元一个主题,分别为学习技巧、同理心、情绪管理、建立友谊的技巧和解决问题技能以及学前班过渡性课程;5—6 岁的课程包含学习技巧、同理心、情绪管理以及解决问题四个单元。与 3—5 岁的课程相比,学前班的课程在内容的难易程度上稍有深入,更符合 5—6 岁幼儿的年龄特点。

学习技巧(Skills for Learning):本单元侧重对儿童社会技能训练,包括倾听、集中注意力、自我对话和自信而有礼貌的表达。这些学习技巧有助于学龄前儿童为顺利过渡到学校做好准备,并促进早期学业成功。这一单元的各项技巧也支持课程内容的其余部分,因为它们为社会—情绪能力的发展提供了基础。

同理心(Empathy):在本单元中,儿童通过发展识别自己和他人各种情绪的技能来建立他们的情绪素养。具有较高同理心的孩子往往不那么具有攻击性,更受欢迎,更善于社交,而且在学业上更有进步(如 Eisenberg, 2000 等)。本单元所教的识别情绪的技巧可以让儿童学会如何处理自己的强烈情绪,思考他人的感受,以便结交朋友和解决人际问题。

情绪管理(Emotion Management):在本单元中,儿童扩大感受词汇,并学习应对强烈感受、减轻压力和控制情绪的策略。能够管理自己强烈感受的孩子,在向正式教育过渡时会更为成功(Raver & Knitzer, 2002)。当感受不能被有效管理时,思考和学习就会受到影响(Derham, Brown & Domitrovich, 2010)。通过学习停一停、说出感受和腹式呼吸等策略,儿童学会减轻压力,控制冲动。同时,拥有应对强烈情绪(如生气、失望、挫败、担心和兴奋)的技巧,可以改进儿童的学习能力,让儿童与同龄人友好相处,并做出恰当的选择。

建立友谊的技巧(3—5 岁)和解决问题技能(5—6 岁)(Friendship Skills and Problem-Solving):与同龄人的积极社会关系支持儿童的入学准备,对他们的幸福和成功发展起着重要的作用。在友谊技巧和解决问题单元中,儿童学习解决与同龄人的人际关系问题,学习结交朋友和维系友谊的技巧。儿童学着先平静下来,然后遵循解决问题的步骤（STEP）：说出问题，想想办法，探索后果，做出选择。学习解决人际问题的技能，有助于减少儿童冲动性行为，提高他们的社会适应水平，防止攻击性和其他外化问题的发生。本单元的课程也侧重于友谊技巧，包括使用公平玩法（一起玩、轮流、交换），请求加入他人一起玩，以及邀请他人一起玩。能够解决问题并与同龄人积极互动的儿童将会更成功地过渡到学校阶段。

过渡性课程（Transitioning to Kindergarten）（中班到大班）：在本单元中儿童会回顾之前学过的四个单元的内容，巩固所学过的技能，从而为过渡到新环境做准备。①

由于不同年龄段孩子的注意力发展水平不同，不同年龄段的课程开设频率、时长以及形式也有所不同。3—5岁的课程，融入到日常教学中，以周为主题单位，每天5—7分钟，共持续28周，以玩偶剧、故事与讨论，或者角色扮演技巧练习等不同形式进行生动有趣的教学；大班（Kindergarten，5—6岁）孩子的课程，每周一节，每节约25分钟，每天有5—10分钟的跟进，共25节课，可以与其他教学相结合，比如手工、音乐、游戏等。

"第二步"课程采用教师集体教学活动的形式，配有教具包，内含教师上课所需的教材教具，包括课程卡、教室挂图、玩偶等。课程资料的设计易于教师掌握与教学使用，采用的教学形式主要有大脑锻炼游戏、玩偶剧、故事与讨论、技巧练习、儿歌等，兼具启发性、互动性和趣味性。除了教师上课需要用到的材料，课程还配有包含每周主题以及可以在家里进行的活动讲义，幼儿园可以把这些讲义可以分发给家长，从而形成家园共育以强化儿童在每个主题下习得的技能。

"第二步"课程内容的完整性以及课程设置的灵活性降低了课程在幼儿园实施的难度。课程配备的手册对课程目标、课程内容的实施以及教学策略的使用建议都做了具体详细的阐述，非常便于教师使用。而由于课程内容的丰富性，每节课的具体内容和方法并不是固定的，在实际教学过程中，教师可以根据教学目的、儿童的学习特点、教学条件等方面做一定的改动，保证课程的灵活性与有用性。其次，课程能较好地融入到幼儿的一日生活中。3—5岁小中班的课程每次持续5—7分钟，可以渗透在晨间谈话、区域活动、户外活动等活动中；5—6岁大班的课程也可以与其他领域活动相结合，如美术活动、音乐活动。

此外，课程中涉及的内容大多与儿童的生活经验相联系，教师可以采用角色扮演、辩论、绘画等多种方式进行，这便于儿童理解和掌握知识和技能，同时可以激发儿童学习兴趣。

---

① 美国教育体系中3—5岁为preschool阶段，5—6岁为kindergarten阶段，因此4—5岁为从preschool到kindergarten的过渡阶段。

2. "第二步"课程在中国的实践及存在的问题

"第二步"课程在国内幼儿园进行了初步的探索和尝试,但是在本土化过程中,还有很多问题需要进一步探讨,如文化差异导致的行为模式差异,其中包括情绪表达与情绪控制的差异、自我坚持与妥协让步间的平衡,以及对公正与平等的追求;还有执教教师对课程内容理解不深入以及在课程实施时的思维固化等都需要进一步的关注。

二、国内的社会—情绪课程探索

我国幼儿园对幼儿开展情感社会性的教育多以情绪图画书、表演游戏、音乐活动、领域活动为载体进行。经过近二十多年的研究与实践,也有已成体系的情感社会性课程实践。

1. 幼儿园中情感社会性教育的实践探索

一些研究者以图画书阅读、表演游戏或领域活动为载体进行。比如,刘婷(2010)在其研究中发现,运用情绪主题图画书对幼儿情绪能力的发展进行教育活动,促进了幼儿情绪识别和表达、情绪理解与调节能力的发展。张芳(2014)在对小班幼儿进行以情绪主题图画书为载体的情绪教育活动中,将小班幼儿的情绪教育分为"积极情绪"和"消极情绪"两个部分,其研究发现,幼儿通过情绪教育活动,对情绪的认识与理解得到加深,并且可以用自己的语言说出自己的感受,同时也掌握了简单的克服不良情绪的可行性方法。另外,在周华仙运用情绪图画书对中班幼儿的情绪理解能力进行干预,杨洋运用情绪图画书对大班幼儿的情绪调节能力进行行动研究等研究中,都显示出情绪图画书对幼儿情绪能力的促进作用。肖华锋(2012)以表演游戏为载体,对大班幼儿的情绪理解能力进行了研究,研究结果表明:表演游戏对幼儿情绪的识别、表达以及情绪理解能力均有明显的促进作用。张静(2017)在对小班幼儿进行表演游戏的研究中也同样发现幼儿对表情的再认能力、情绪理解能力、情景识别能力等均有所提高。

同时,也有研究者探讨了将幼儿的情感教育渗透在五大领域活动中,认为应在领域活动中注重培养和丰富幼儿的积极情感,使课程中的情感渗透促进幼儿情绪情感的发展。龚泉(2015)以科学领域的课程为例,将兴趣、喜悦、自豪的积极情绪体验纳入其中,提出利用已有的课程资源深挖课程中的情绪价值的观点。王岳英(2004)基于提高幼儿园音乐教育质量,提出应该重视幼儿园音乐教育中的情感体验,培养幼儿的积极情感。马玥莹(2019)以主题音乐活动为载体,对中班幼儿的情绪理解能力进行了研究,实验组与对照组的差异表明主题性音乐活动对幼儿的情绪理解能力有一定的促进作用。武琬霄(2012)采用量化质性相结合的方法,证明了此主题性音乐游戏为媒介,对 3—4 岁幼儿理解情绪具有促进作用。

综上,我国幼儿园的情感社会性教育多以图画书阅读、表演游戏或领域活动为载体进行,这类教育活动灵活性强,较易被幼儿接受。但系统性与完整性上需要进一步完善。

2. 我国幼儿园成体系的情感社会性课程实践探索

1990 年,上海市宝山区成立了"幼儿园情感课程"课题组。该课题组将幼儿园情感课程定义为"在教师指导下,发展幼儿积极的情感和情感能力的各项活动的整体计划"。该课题研究的目的是开发一门新的幼儿园课程——情感教育课程。经过四年的研究与实践,课题组根据课程编制的原理,设定了情感课程的目标系统、内容系统、组织系统、评价系统,并且从课程目标到课程评价形成了一套完整的、系统的、可操作的教材教法。情感教育的总目标是培养幼儿的六种情感(信赖感、自信感、合群感、求知感、求美感和惜物感)和三种情感能力(情感觉察能力、移情能力和情感表达能力),通过把情感教育总目标融入到"我爱我的幼儿园""我是小主人""美丽的春天"等八个主题中来实施课程。幼儿园情感课程的实证研究显示,实验班的幼儿较对照班的幼儿更善于表达自己积极的情绪,控制并调节自己的消极情绪,并且在与他人合作进行游戏等活动中的社会性方面也有发展。

除此之外,上海师范大学李燕教授带领团队与幼儿园合作进行了幼儿社会情绪教育课程实践的探索与尝试,并取得了不错的效果。以"小一步"项目的具体实施为例(许批,2017)。

(1)"小一步"项目介绍

"小一步"项目是以入学准备为核心的社会与情绪学习实践研究,即一次基于实证研究的教育实践与有益尝试。该项目基于幼儿社会与情绪能力及其影响因素的研究结果,在生态化的理论视角下探索提升大班儿童入学准备的社会与情绪学习课程的设计与实施,从幼儿、教师、家长三方面分别阐述社会与情绪学习课程理论、课程设计与课程实施。

(2)"小一步"项目实施过程

"小一步"大班儿童社会与情绪学习课程通过融入、渗透与幼儿园一日作息生活有机结合,具体通过三种途径实施课程,分别是集体教学活动、游戏活动、一日生活等。其中集体教学活动以图画书为载体,针对各单元具体课程目标开展集体教学活动;游戏活动分为两部分,除了每次集体教学活动结束时教师组织的规则游戏,还包括幼儿自主进行的角色游戏;一日生活主要指教师有针对性地观察幼儿一日活动中相关事件,并通过班务活动共同学习和提高社会与情绪能力,营造良好的班级氛围。

"小一步"教师的社会与情绪学习课程对教师进行全体培训,主要涉及教师情绪技能培训、幼儿社会与情绪学习课程培训两部分内容,项目培训中,强调形成积极、民主、真诚的教师培训氛围,使用创新的策略和训练方式以提高教师的各种社会与情绪技能。在教师的社会与情绪学习课程实施过程中,采用了四种途径对教师进行全园性培训:通过实战模拟和小组讨论的形式,向教师提供创新的策略和训练方式以提高教师的各种情绪技能;通过集中培训,指导教师分析大班儿童的社会与情绪能力发展现状,并且根据教师课程部分的目标就如何针对性地实施课程以及如何组织课程游戏等内容对所有的教师进行集中培训;课题组会议讨论交流,在课程期间除了通过邮件相互联系外,还定期安排每两周一次、固定时间的会议交流,分享具体案例和共同探讨、解决课程教学过程中出现的疑惑和问题,总结反思课程经验;建立文献数据库,教师分别有针对性地阅读有参考价值的文献资料,进行自我学习。

"小一步"家长的社会与情绪学习课程以家长学校为载体,以工作坊、家长课堂等为形式,根据社会与情绪学习的相关内容,有组织、有计划地安排课程内容(见表2-1),让家长了解幼儿的发展特点;了解社会与情绪学习对幼儿发展的价值与意义;掌握适宜幼儿个性化需求的教育教养方式。家长课程的内容和课程安排与幼儿的课程内容同步,以更好地实现家园合作。家长课程除了讲授,更多的是针对幼儿发展特点和核心问题进行研讨,鼓励他们表达自己的观点,进行"头脑风暴"。每一次会谈给父母足够的时间咨询他们和孩子的一些具体问题。每周都会布置"家庭作业",并在下一次课程开之前都会讨论前一周的家庭作业。鼓励每位家长描述作业的完成情况:遇到了哪些问题、哪些进展得比较好,给予大量鼓励和积极反馈来肯定家长的努力付出。

表2-1 "小一步"家长的社会与情绪学习课程进度表

单元	主题	家庭作业
1	什么是社会与情绪学习? 父母的作用是什么?	倾听者游戏;20 个问题的游戏
2	如何开始新的友谊? 如何加入群体?	"旁观-积极评价-模仿"练习
3	如何微笑并寻找乐趣?	枕头大战;骑大马游戏
4	如何真诚地赞美?	温暖的毯子与冷默的小刺
5	如何解决社交中的问题? 如何合作?	冲突情境角色扮演游戏;合作画与合作讲
6	如何培养决断性? 如何培养良好的竞技精神?	练习使用"以我开头的陈述句";优秀运动员游戏
7	休息一周。	
8	信息汇总、回顾和讨论。	

另外,本研究团队在与幼儿园合作的基础上,针对幼儿内外化行为实施社会情

绪教育活动。以下是团队部分实践。

王悦敏（2014）主要针对害羞儿童社会情绪能力培养。在单元主题设置上将课程内容涵盖三大板块：儿童的社会技能、情绪控制、社会认知。每大板块包含相对应的单元主题。社会技能板块指向行为干预，通过三个单元教学，帮助害羞儿童学习与人交往的基本礼仪以及掌握于他人互动的技巧，增加害羞儿童的亲社会行为。社会认知板块，以最基本的认识新朋友作为起步，从理解自我和他人入手，帮助幼儿提升与人交往的意愿，增加自我效能感。情绪控制板块中，从理解自己情绪向调节自己情绪过渡，从而帮助害羞儿童认识自己的情绪，掌握排解焦虑、紧张情绪的方法。每周围绕固定的单元主题开展两课时教学，行为、认知、情绪主题穿插。干预活动开展方式丰富多样，结合以游戏、图画书、木偶剧等多种形式。

高竹青（2016）在其研究中针对大班幼儿的外化问题行为实施社会情绪教育活动。以社会情绪教育的五个核心内容为主线，通过图画书教学、游戏活动、音乐活动等形式在认知、情感、行为这三个方面展开具体的教学活动。本研究中社会情绪活动围绕社会情绪教育的核心内容展开，共有七个单元的内容分别对应社会情绪教育的五个核心内容。分别是遵守规则、认识自己、管理情绪、学会解决问题以及和朋友友好相处。殷菁彤（2016）从中班幼儿内化问题着手，以社会情绪能力的核心能力和三大要素——情绪知识、情绪管理与人际和谐——为主要框架设计与实施干预课程。单元实施思路是从幼儿对自身的了解为出发点，到学会理解与自己的情绪，再到认识他人、理解他人情绪，最后落实到人际交往技能的获得与训练。

公孙一菲（2018）在总结前人研究的基础上，借鉴社会技能相关理论，将中班社会技能训练干预课程分为社会行为、社会情绪和社会认知三个方面，并将这三方面作为课程的基本框架。其中，社会行为训练侧重于对幼儿社会行为的塑造，包括倾听、给予和接受赞美，关心与帮助他人，适应并遵守规则；社会认知训练侧重于对儿童社会技能的培养，包括发起并保持谈话、保持友谊、与同伴及成人一起时有自信、加入团体并相互合作；社会情绪训练侧重于提高幼儿对情绪的识别与调节能力，包括感知并认识积极与消极情绪，排解消极情绪、建立积极情绪的技巧。

幼儿情感社会性的发展影响幼儿人际关系的和谐发展，也会促使个体形成积极的问题解决模式，减少问题行为的发生，并能使个体形成积极的学习态度。从目前的实践来看，我们关于幼儿社会情绪教育实践的探究任重道远。

第二节　学前儿童社会—情绪能力促进常用策略

为了更好地帮助孩子,提高引导儿童社会—情绪发展的能力,指导者需要具备一些专业的知识、技能,了解和掌握促进社会—情绪能力发展的常见方法以及如何在一日生活中培养儿童社会—情绪能力。

一、学前儿童社会—情绪能力促进常见方法

学前儿童社会—情绪能力的常见方法主要有榜样策略法、行为塑造法、指导与练习、角色扮演法、系统训练法等。

(一)榜样策略法

它是通过鼓励儿童观察榜样展示某种社会行为来帮助儿童学习的方法。这里的榜样可以是电影、电视、网络中的虚拟榜样,也可以是真人现场示范,这两种模仿技术对提高儿童社会—情绪能力方面都很有效。实际教学活动中使用的儿童剧/木偶剧、图画书阅读、视频教学等都是基于榜样策略法。该方法使用过程中,指导者要对榜样的特点、儿童对榜样的注意、对榜样所做具体反应的理解、榜样的呈现方式以及榜样的来源等问题给予高度的重视。

1. 榜样的特点

榜样本身的特点能促进或阻止儿童学习榜样的倾向。当儿童感知到榜样是重要的、成功的,并且榜样比较接近儿童时,榜样的示范所发挥的作用就会提高。但是,如果榜样表现出的行为具有特别高的标准或表现出的生活事件是儿童所不熟悉的,榜样则具有较低的威望或儿童认为榜样没有能力时,榜样的示范一般不会产生什么效果。因此,在儿童社会—情绪能力的培养过程中,指导者通过图画书、视频、儿童剧/木偶剧等呈现给儿童的榜样要经过精心的选择,让儿童觉得榜样是成功的、重要的、易挨近的和可以学习的。

2. 对榜样的注意和认识

在指导者的引导(提问、观察等)下,儿童一般会注意到榜样所示范的行为。但是,儿童对榜样的注意与对榜样行为的认识理解相联系。如果儿童不理解榜样的行

为或理解程度不深,也会在一定程度上影响他们对榜样的注意。不理解榜样行为的观察会导致不适当的模仿或部分的模仿。因此,指导者应在榜样示范完技能之后,帮助儿童确认和理解榜样所表现出的实际行为。一般使用的是语言复述或行为再现榜样的行为。

3. 榜样的呈现方式

榜样的呈现方式也会影响到儿童对榜样的学习和模仿,故可通过改变榜样的呈现方式来促进儿童的学习过程。一般说来,在呈现榜样时应该注意以下几点:

(1)以一个清楚的、详尽的方式呈现榜样的行为,以便儿童在观察时更好地理解榜样行为;

(2)若榜样行为太复杂,可按一个从简单行为到复杂行为的顺序呈现;

(3)通过足够的重复使儿童达到适度学习的程度,比如某种榜样行为(礼貌向他人问好)在多个场景中出现;

(4)呈现榜样所表现出的行为时要尽可能减少不相干的细节,以免影响儿童对榜样行为的关注;

(5)要呈现几个不同的榜样,而不是单一榜样,鼓励榜样的多样性。

4. 榜样的来源

在儿童社会—情绪能力的培养过程中,指导者还应该考虑到各种榜样资源,充分利用所有可能的榜样。一般说来,儿童社会—情绪能力的榜样主要有以下几种来源。

(1)真人榜样

在儿童社会—情绪能力培养过程中,最普遍、最容易利用的榜样就是真人榜样。一般说来,指导者或社会—情绪能力水平较高的同龄同伴可以担任示范社会—情绪技能的任务,准确、熟练地示范儿童所要学习的社会—情绪能力。在技能示范完之后紧接着讨论、评价示范者所使用的技能、技能使用的效果、行为者的心理感受以及在当时情境中还可使用的其他技能等。但是,利用真人榜样的一个明显缺点是,指导者并不能保证儿童的同伴或其他人担任榜样示范时,一定能够准确地示范要教给儿童的社会—情绪能力,而且真人榜样的示范稍纵即逝,难以保留相关可靠的线索供以后分析讨论之用。

(2)木偶榜样

木偶榜样适用对象广。使用木偶来描述一些社会情境,儿童易接受,操作也方便易行。一般而言,儿童不愿关注自己的行为,但却愿意观看、讨论木偶表现出的行为,并扮演和学习与木偶相同的行为。当儿童发展了更多的技能并且能在众人面前表现自如时,他们就会抛弃木偶,而进行实际的角色扮演。在实际的角色扮演中所练习的社会—情绪能力,更容易迁移到儿童的实际生活中。

（3）录制的榜样

指导者经常使用提前在视频中录制的榜样开展社会—情绪能力培养工作。较常用到的是演示榜样面对冲突情境以及有效解决的过程。在录制视频时，我们需要考虑突出示范行为的组成、顺序、特征、关键部分等。通过视频呈现榜样的一般方法是演示一个榜样遇到一个冲突情境和榜样有效解决冲突情境的过程。比如，视频拍摄这样的场景：同伴大声骂儿童榜样 A，榜样 A 生气了（攻击情绪被唤醒），但是 A 通过使用自我言语，如"我不生气""我不打架"，或者深呼吸降低情绪温度，成功地处理了来自同伴的言语攻击。视频中榜样的自我言语、行为呈现了榜样的思维和行为表现过程。当观看视频时，指导者可通过谈话、演示、扮演等强调榜样使用的应对策略（认知性的自我言语、情绪调控策略），让儿童了解是哪些因素使榜样成功地处理了这一冲突情境。

通过视频呈现榜样所需费用相对较少，可以反复多次使用，并可为其他班级共享，还可以根据儿童学习状态调整学习的步调或进度，因此该方法在目前的社会—情绪能力培养中使用较多。

（4）图画书中的榜样

图画书受到孩子的喜欢。图画书中的角色可以教会儿童对各种各样的社会情境做出恰当的反应。与通过其他方式呈现榜样相比，通过故事来呈现榜样有着独特的优势。图画书有生动有趣的图片，可直观呈现一些孩子常面对的社交情境；并且这些情境故事可以清晰、深入地展示行为者的内部心理活动，如信念、观点、愿望、动机等等，从而让儿童认识行为者的行为与认知、情绪之间的关系等。成人在与幼儿交谈中，也可参照图画书中的人物和情境提醒幼儿图画书中使用的一些技能策略。图画书故事不仅可以向儿童提供社会—情绪能力的基本原理和榜样，而且也促进了儿童对社会—情绪能力的记忆和表现。

（5）同伴榜样

日常生活中，同伴是幼儿非常有效且重要的榜样。幼儿同伴可以作为社会—情绪能力培养的协助者参与个别幼儿的技能指导。许多研究者曾采用同伴榜样成功地促进了年幼和年长儿童社会—情绪能力的发展。例如，伯曼和弗曼（Berman&Furman，1984）创设两种条件教授儿童交谈技能。一种情况是没有同伴参与，另一种是有同伴参与。研究结果发现，后者与前者相比，幼儿同伴接纳水平提高更明显，他们的自我知觉也更积极。

在社会—情绪能力培养中，我们通常会选社会—情绪能力水平较高的儿童作为较低水平儿童的同伴榜样，并且会让同伴榜样在各种活动中帮助社会—情绪能力较低的儿童。为更好地促进目标儿童（需培养社会—情绪能力的儿童）的相关技能，指导者应对被选做榜样的儿童进行适当的培训，以促使他们成为真正的榜样。同时，同伴榜样还应该具有较高的社交地位，被其他儿童所喜欢、认可，在所要示范的社会——情绪能力方面较为熟练，在背景方面（如年龄、性别和社会经济地位等）与儿童较相似。

另外，为了更好地发挥榜样的作用，我们可以提供多个而不只是一个榜样；鼓励榜样表现多种行为以促进观察者反应的多样化；帮助观察者觉察到自己与榜样的相似性，并且可在观察之后提供行为的演练机会。例如，对儿童"合作"的社会——情绪能力进行训练，可以采用榜样策略法，给儿童播放电影里面超人是如何跟他人合作而打败怪兽的，也可以要求其比较尊敬的老师或长辈来进行合作完成任务的示范，同时同伴示范也是比较好的方法之一。

（二）行为塑造法

行为塑造法是指儿童与同伴共同从事某种活动，通过给予幼儿精神或物质的奖励，以帮助增加幼儿某些适当的社会行为出现的频率。行为塑造法的原理是操作性条件反射中的小步子策略。当我们要培养某一新的特定行为时，不可能等其出现才进行强化。因此，可以先选择某一初始行为进行强化。

这种初始行为尽管出现率可能较低，但它与目标行为接近或相似。初始行为经强化多次出现后，就对它停止强化予以消退，同时又开始强化另一个更为接近目标行为的行为……如此逐一交替，最终达到目标行为形成的目的。

补充资料

行为塑造法原理的渊源可以追溯到斯金纳的鸽子按钮实验。斯金纳训练一只鸽子去啄一个发亮的按钮。开始时，只要鸽子把头转向反应按钮就给予强化，当鸽子总是把头转向按钮时，实验者可能会要求鸽子朝按钮移动时才给予奖赏。当鸽子被训练得会站在反应按钮附近时，实验者在它把头微微移向按钮时，才给它强化。下一步可能只有鸽子真正触及反应按钮时才给予强化。最后，只有当鸽子以足够的力量啄按钮，以拨动鸽食发放的自动开关时，才得到强化。上面所描述的鸽子按钮反应就是被一步步塑造成的。斯金纳对鸽子按钮这一复杂行为的塑造方法同样也可用于培养人类的复杂行为。

用行为塑造法培养个体社会行为的过程是比较复杂的，一般说来，大致包括以下步骤。

1. 定义目标行为

只有定义了目标行为之后，才能确定行为培养的目标，才有了行为培养是否成功的判断标准。

2. 确认初始行为

初始行为必须是个体已经在做的动作，至少是偶尔做过的。另外，初始行为必须和目标行为有关联。

3. 选择塑造步骤

所选择的每一个更接近目标行为的步骤不能过于细小，否则会进展缓慢，过于费时。但每个步骤所体现的变化不能过大，否则个体的进展会停止。因此，每次所选择的步骤必须适中，即该步骤经努力可以完成。

4. 确定塑造程序中使用的强化物

为儿童选定一个强化物，只要儿童做出正确的行为，指导者就马上提供强化物。强化物的量要适度，以免儿童很容易就得到满足。指导者可以考虑采用小奖品、表扬等强化物，也可使用拥抱、抚摸、微笑等积极反馈来肯定这种行为。

5. 对多个连续的趋进行为实施差别强化

从初始行为开始，要对行为的每个过程加以强化，直到确保该行为能够出现。然后再强化下一步骤的行为，而对前一步骤的行为则停止强化。一旦该步骤的行为能够保持一贯出现后，就可以停止对它的强化而继续下一步骤。按照这样的程序进行下去，直到目标行为出现为止。

使用"行为塑造法"对儿童的行为予以强化的方式有很多，但要注意以下几条原则：理想反应出现后应尽快提供及时的强化，强化应该经常出现，特别是在行为刚刚发展的阶段 新的技能一旦牢固建立，应该采取消退程序。另外，"引导"和"塑造"是保证行为塑造效果的两个重要因素。社会—情绪能力训练大多是要建立一系列社会行为顺序，对社会—情绪能力严重缺失儿童来说，正确反应较少，要直接强化是很难的，对接近目标的每一点进步都予以强化才能逐步靠拢目标。

（三）指导与练习

在指导的最初阶段，需要告诉儿童学习社会—情绪能力的目的或社会技能的基本原理。要明确告诉儿童，学习社会—情绪技能是有用的，会给他们带来很大的好处，而不仅仅是一件要完成的学习任务。有些社会—情绪能力水平较低的儿童总是坚持不恰当行为反应的原因在于他们不能把自己的行为与消极的结果联系起来，或者不能辨别和表现出带来积极结果的替代行为。因此，指导者应帮助儿童认识到学习社会—情绪能力的价值和意义。

与简单的行为反应相比，个体的社会—情绪能力学习表现是一个复杂的过程，它通常包括由一系列行为组成的行为链。这就要求帮助儿童确定社会—情绪能力的构成成分。例如，指导儿童掌握交朋友的技能。可以用一个日常生活情境或动画视频描述儿童成功交朋友的经历以后，通过讨论帮助儿童确定故事中主人公交朋友的具体步骤：

首先，打招呼，自我介绍，比如说："喂，你好！我的名字是某某，你叫什么名字？"

其次，相互认识，可以询问一些事情，如"你从哪里来？"或"你正在干什么？"

最后，一起加入游戏，邀请他或她共同做一些事情："我想玩一个游戏。你愿意和我一起玩吗？"

要想在生活情境中成功地再现榜样所示范的行为，儿童必须练习这些行为。儿童应该在指导者的指导下，主动演练所示范的行为，这不仅能使观察过程动静结合，避免可能产生的单调和厌倦，而且能提高儿童对示范行为模仿的质量。当示范行为较复杂，或过程较长，或耗时较多时，指导下的行为演练尤为必要。当儿童通过演练达到对新行为的熟练掌握后，才可能把这些新行为用于实际的人际互动中。班杜拉曾指出，练习可以通过潜在反应、言语反应和动作反应来进行。

1. 潜在反应

潜在反应是指对具体行为事件的认知想象。儿童通过想象对所示范的行为加以编码后，这些行为更容易被激活。因此，在培养儿童的社会—情绪能力的过程中，通过帮助儿童在脑海里或想象中再现所观察的示范行为，可以极大地促进儿童在一定的情境中做出恰当的行为反应。比如，提供类似模仿的社交情境，请儿童想一想：如果是你，会怎么做？

潜在反应可使害羞等社会退缩儿童放松，减轻交往压力。经过一段时间的想象练习，儿童会变得更加放松，并且愿意进行外部行为的演练。此外，潜在反应易于应用到各种各样的情境中。但潜在反应存在一个明显的不足：对年幼儿童来说，指导者看不到儿童的潜在反应，所以就不可能对他们的反应进行正确的反馈和准确的评价。

2. 言语反应

言语反应是潜在反应的延伸，是让儿童详细地说出所期望的恰当反应，这可以促进儿童对恰当行为的表现和保持。

3. 动作反应

尽管潜在反应和言语反应在儿童社会—情绪能力的培养中都可以独立使用，但是最好把它们看做是儿童做出动作反应的准备。在这一阶段，要求儿童以角色扮演的形式做出已观察过的、想象过的、用言语表述过的反应。

角色扮演主要包括以下四个部分：

（1）确立阶段

指导者描述场景，选择参与者，并且分派和描述参与者的角色；

（2）表演

参与的儿童进行互动，并分别表演自己的角色；

（3）讨论/评价

扮演者与观察者共同评价行为表现，并且确定可选择的反应；

（4）重新表演

根据来自第三步的提议，再一次扮演情境，确定不同的参与者。角色扮演在儿童社会技能培养中具有许多优点。首先，它允许儿童转换角色以便于他能更好地了解他人的思想观点和体验。例如，让那些经常戏弄别人的儿童在角色扮演中扮演被别人戏弄的对象，可以使他们体验被别人戏弄时的内心感受。其次，为观察具体反应的结果提供了机会。例如，通过角色扮演，选择反击或极端退缩应对同伴攻击行为的儿童可能会认识到自己的行为是使问题更严重而不是解决了问题。通过观察自己行为的结果，儿童开始认识到替代性行为的重要性。此外，角色扮演可以有效地促进儿童对所学新行为的记忆和保持。

补充资料

角色扮演法是指设置一种情境，让儿童在给予的情境中予以表现，从而学习充分履行角色的方法。也就是说，让缺乏社会技能的儿童在一种特定的或创设的情境中扮演某一角色，使其认清角色的理想模型，了解社会对角色的期望和自己应尽的角色义务，通过亲身体验直接习得和掌握某种社会交往技能，从而有助于他们改变态度和行为，改善其同伴关系，最终达到对其孤独感进行干预的目的。在对儿童抗挫折的能力进行训练时，可以先对其进行讲解应该怎样正确应对挫折，然后要求其将正确的反应表演出来。

（四）系统训练法

它是一种将概念指导与行为训练学习相结合的方法，这种社会技能训练、学习的模式的依据是行为改变的社会认知理论。训练学习的主要目标是增强儿童的社会—情绪相关的知识或概念，帮助儿童将概念转化为熟练的行为，最终促进技能的保持并概括化到情境中去。

对社会—情绪能力进行的训练学习包括如下步骤：

1. 让儿童学习有关交往的新的原则和概念（如合作、参与等）；

2. 帮助儿童将原则和概念转化为可操作的特定行为技能（如某种亲社会行为）；

3. 在同伴交往活动中树立新的目标（如交到新朋友）；

4. 促进已获得的行为的保持或在新情境中的概化；

5. 增强儿童与同伴交往的信心。

总之,社会—情绪能力训练集中在对社会交往和适应有影响的言语和非言语行为上,使儿童懂得适当的反应方式,例如目光接触、声调友好、向他人提出恰当合理要求、对他人的不合理要求做出恰当反应等,从而提高儿童的社会交往能力,减少其孤独感,促使他们健康发展。

二、一日生活中应用学前儿童社会—情绪能力培养的方法

一日活动是构成幼儿在园生活的重要组成部分,把社会—情绪学习融入到幼儿的一日活动是对教育环境中学习经验的有效延伸。有研究者提出,把社会—情绪学习课程融于学校日常生活,可以有效地提高社会—情绪学习课程实施的效果。融入幼儿教育环境中的社会—情绪学习,可以包括一日活动中的领域教学活动、区角游戏、日常谈话等。

(一)领域活动中的渗透

在一定的程度上,SEL 课程渗透到其他学科可以减少课时的安排,避免课程内容的重复。如,美国的不少中小学将社会—情绪学习渗透到性格和道德教育中,形成社会—情绪与品格发展的课程(Social and Emotional and Character Development education,简称 SECD)。我国幼儿园五大领域的内容和社会—情绪学习的内容紧密相关,在五大领域的课程中融入社会—情绪课程,可行性较强。

比如,《3—6 岁儿童学习与发展指南》(以下简称《指南》)中健康领域的目标二为"情绪安定、愉快",并在这个目标下,对每个年龄阶段的幼儿应达到的标准进行了详细说明,其中指出 5—6 岁的幼儿"应知道引起自己某种情绪的原因""能以比较适度的方式表达情绪""不乱发脾气"。

《指南》中语言领域提出"具有文明的语言习惯"目标,其子目标指出,3—4 岁的幼儿"与别人讲话时知道眼睛要看着对方",4—5 岁的幼儿"能主动使用礼貌用语",这体现了社会意识中的尊重他人这一内容。

社会领域中的"与人交往""社会适应"的内容更是涉及社会—情绪学习的所有能力领域。幼儿园可以围绕这些领域中的子目标,参照幼儿社会—情绪学习的相关内容,开展多种多样的主题活动。如,在健康领域"情绪安定愉快"的主题下设计"情绪认识""情绪调节"等主题活动。其中"情绪认识"主题活动,可以引导幼儿认识不同的情绪,并以适当的方式表达自己的情绪;"情绪调节"的主题活动,教师可以设置情绪平静区,为幼儿提供安静的区域和解压玩具、画笔或情绪小游戏,帮助幼儿释放情绪。具体内容见下表 2 - 2。

表 2-2 《3—6 岁儿童学习与发展指南》中各领域中涉及社会与情绪能力梳理

领域	子领域	目标	指导要点	社会与情绪能力
健康	身心状况 动作发展	1. 情绪安定、愉快 2. 具有一定的平衡能力,动作协调、灵敏 3. 生活习惯与生活能力	1. 创设温馨的人际环境,让幼儿充分感受到亲情和关爱,形成积极稳定的情绪情感 2. 帮助幼儿学会恰当表达和调控情绪 3. 培养幼儿基本的生活自理能力 4. 身体动作的练习和协调能力培养	自我意识:自主、情绪体验 自我管理:情绪表达和调节、身体控制
语言	口头语言——倾听与表达	1. 认真听并能听懂常用语言 2. 愿意讲话并能表达清楚	鼓励和支持幼儿与成人、同伴交流	人际交往理解沟通能力,清晰表达,认真倾听 礼貌表达
社会	人际交往	1. 愿意与人交往 2. 能与同伴友好相处 3. 具有自尊、自信、自主的表现 4. 关心尊重他人	1. 帮助幼儿正确认识自己,学习初步的人际交往规则技能 2. 引导幼儿换位思考,学习理解别人 3. 鼓励幼儿自主决定,独立做事,增强其自尊心和自信心 4. 引导幼儿用平等、接纳和尊重的态度对待差异	人际交往态度、交往技能 自我意识(自我认识;自我体验;自我控制); 社会意识:社会规范; 归属感;多元文化视角
	社会适应	1. 喜欢并适应群体生活 2. 遵守基本的行为规范 3. 具有初步的归属感	1. 学习基本行为规则,或游戏规则,体会规则的重要性 2. 给幼儿布置一些力所能及的任务,培养幼儿责任感	
科学	科学探究	1. 亲近自然,喜欢探究 2. 具有初步的探究能力	1. 对周围事物和现象感兴趣 2. 探索中有所发现时感到兴奋很满足 3. 探究中能与他人合作交流	自我意识 人际交往能力
艺术	感受、表现	大胆地表现自己的情感和体验	鼓励幼儿用不同的艺术形式大胆地表达自己的情感、理解	自我意识(自我管理) 社会意识:多元文化

(二)区角游戏中的渗透

游戏是幼儿重要的学习形式。幼儿社会性发展更是离不开游戏。角色游戏是幼儿园经常开展的一种重要游戏形式,在这种游戏形式中,幼儿能够通过扮演社会角色来认识社会生活中的各种事物;还能够对各种操作材料进行有趣的探索;能够宣泄情感和体验他们所向往的成人生活;能够体验和制定简单的规则,理解规则本身的意义;还能够充分发展他们的社交语言、沟通技能、问题解决能力等。我们同样应该鼓励其他游戏时的社会—情绪能力培养。

另外,我们可以创设跟社会—情绪能力有关的区角。比如,可以在班级开设"情绪角",情绪角有可供发泄情绪的玩具(毛绒玩具等),放置专门的情绪类图书或情绪调节支持卡片供幼儿阅读;也可设置一个"问题解决"盒子,让幼儿把生活中遇到的各种人际交往问题画出来,并提供时间共同商讨解决。或者在班级里设置一个"私密空间",让幼儿在遇到情绪问题或者人际问题时有一个缓冲带,能够自己到其中去冷静思考解决问题的方法。

(三) 谈话活动中的渗透

谈话活动是幼儿一日活动中过渡性较强的环节,也是幼儿一日活动的重要内容之一;是教师和幼儿情感交流的最好时机,又是了解和教育幼儿重要的途径;不仅对幼儿语言发展有所帮助,也是幼儿社会性发展的重要途径。谈话活动可分专门的谈话活动,如晨间谈话;又有随意的谈话互动,如散步谈话、盥洗谈话等。与幼儿的谈话话题范围很广,包括幼儿对自我的认知、人际关系和人际角色的认知、交往技能的认知、社会情感的认知、规则与礼仪的认知等。当我们关注谈话内容中渗透社会—情绪经验的积累时,不要忽略我们跟孩子谈话过程中所传递的人与人之间的平等,以及我们向孩子所示范和传递的成人榜样。

第三节　创设生态环境，促进学前儿童社会—情绪发展

就幼儿而言，因其年龄较小，活动和思维的独立性还很弱，主动且自觉选择影响自己的环境可能性较小，受特定环境影响的可能性则更大。若能营造良好的、支持性生态环境，将有助于幼儿社会—情绪能力的养成，促进幼儿的身心发展。所谓环境是指人处在其中的周围情况和条件。周围环境无外乎自然环境和社会环境两类，但在更狭义的理解中，则可以分为物理环境和心理环境。

一、物理环境的研究

物理环境是指个体生活周围的设施、建筑物等物质系统。广义的物理环境包括动物、植物、水、空气等自然界中的各种有生命或无生命的物体，即自然环境。物理环境能影响人的行为。例如，一个整洁干净的环境，可以抑制随地乱扔废弃物行为的作用；一个又脏又乱的环境，则会助长这种随地乱扔废弃物的行为。物理环境的美能使人产生积极愉快的情感，当一个人心情愉快的时候，更容易与他人交往并做出积极的行为。

以幼儿园物理环境为例，它包括幼儿园的场地、园舍设备、材料和空间结构与环境布置等构成要素。幼儿游戏和活动材料是幼儿社会性发展的重要影响因素。在游戏场上，常见的结构性强、技能性强的玩具需要幼儿具备自我效能感，即运用新东西的自信心。另外游戏材料投放多少，也影响幼儿社会—情绪能力的培养。比如，如果想培养幼儿的分享、合作、轮流与等待技能，那么让幼儿2～3人玩一个球比较妥当。如果每人一球，就成了练习拍球的技能了。再比如，在"娃娃家"门口贴上几双小脚丫，意味着当所有的脚丫上放满鞋子后，再有人想进就不行了，这对培养幼儿的自控能力起到了积极作用。

除此之外，幼儿活动的空间密度也是幼儿社会性发展的重要影响因素。空间密度是指在活动场地面积一定的情况下，每单位面积参与活动的幼儿人数。研究表明，过于拥挤的物理环境会增加幼儿攻击性行为发生的可能，降低幼儿的社会性交往活动的频率，使观望、旁观、不主动参与活动的幼儿人数增加（丁海东，2003）。也

有研究表明,在活动面积较大和活动材料丰富的情况下,幼儿表现出来的竞争性、侵犯性和破坏性行为都低于活动空间小、活动材料贫乏的情况下产生的类似行为(颜洁,庞丽娟,1997)。创设亲社会物理环境有以下几种:布置能让幼儿轻松进入并使用的区角;给幼儿提供足够的材料,避免产生材料争夺引起的冲突;给幼儿充分的时间,帮助幼儿更多地关注于材料与活动的探索中;提供自我管理环境,帮助幼儿可以独立使用材料式进行游戏。比如,支持性、有序的环境。

赵肖东(2002)提出利用餐桌创造社交环境:专门设立一张供两人坐的小桌子——"好朋友桌",尽可能让孩子接触班上的每个人,为他们创造交朋友的机会。幼儿园的各种区域活动能使幼儿的交往能力得充分表现和锻炼(邵洁,2006)。

二、心理环境的研究

心理环境是指主体所能感受到的对其心理能够产生影响的一切信息的总和。如果心理环境宽松、和谐,则幼儿感受到的压力较小,更愿意尝试各种活动,而且容易取得成功。无论是在幼儿园还是在家里,创设良好的心理环境对幼儿的身心发展均有非常重要的影响。

心理环境的内涵非常丰富,包括各种制度、规范、组织氛围、家庭氛围、家庭教养方式以及诸如亲子关系、师生关系、同伴关系等人际关系。以下就人际关系和教养方式作进一步的阐述。

(一) 亲子关系

与其他关系(比如同伴关系、夫妻关系、同事关系)相比,亲子关系具有不可替代性、持久性、强迫性、不平等性和变化性等特点(郑希付,1998)。良好的亲子关系可以预示儿童良好的社会技能。研究发现,个体社会技能与母子相互作用的质量成正比(Booth,Mitchell & Barrard,1989)。克恩斯等人(Kerns,Lisa & Amy,1996)指出,安全依恋的儿童能形成更多应答反应、较少批评的同伴关系。其他研究发现,在强制型亲子关系或父母虐待中生活的儿童在以后的交往中更具有对抗性,更不容易发展友谊(Katz & Gottman,1993)。依恋质量影响着儿童的交往情感、社会技能以及关系模式(Fagot & Gauvain,1997),9~14 岁学龄儿童的亲子依恋关系与其友谊质量明显相关(Melissa et al.,1999)。戈尔曼(1998)在对遭受家庭暴力的 1~3 岁幼童的研究表明,在家庭中受到虐待的儿童在面对同伴的痛苦哭泣时不会表现出关切、难过或怜悯,反而表现出恐惧、生气。如果同伴继续哭泣,他们就会愤怒、大吼,继之以痛打,这些儿童对同伴痛苦施加的暴力,只不过重演了他们的父母对待眼泪与痛苦的做法(吴雪梅,2005)。由此可见,儿童在亲子关系中的表现可以预示儿童在以后的社会交往中的交往质量和人际关系能力。亲子关系对个体社会—情绪能力发展有重大影响,亲子关系不良的儿童,其社会问题行为相对更多。

(二)父母教养方式

父母教养方式也影响着儿童社会—情绪能力的发展。父母教养方式是指父母在教育抚养子女的日常活动中表现出的一种行为倾向,是其教育观念和教育行为的综合体现。父母教养方式源于父母的教育观念,在亲子互动中,父母的观念来自自我建构和文化建构。父母教养方式最终要通过父母的教养行为,把社会的价值观念、行为方式、态度体系以及社会道德规范传授给儿童,并由此构成了儿童社会化的具体内容和目标。支持协同教养的父母尊重幼儿的主动性,为幼儿提供一个安全成熟的环境,促进幼儿安全依恋与社会能力的发展。哈里斯群体社会化理论认为,幼儿在社会化学习的过程中,将会模仿父母的行为来发展自身(姜勇,李艳菊,黄创,2015)。

父母教养方式有三种类型:权威型、专制型、娇宠型。其中权威型父母教养的儿童在社会技能发展方面均胜过专制型和娇宠型,娇宠型父母教养下的女孩在社会能力方面得分很低。父母对儿童社会交往的直接控制也可能会影响儿童的社会—情绪能力。父母在教养中表现出来的消极情绪会增加幼儿的焦虑,使其不能控制自己的情绪,且与幼儿的社会退缩、消极情绪都有较大的关系(李燕,贺婷婷,俞凯,2010)。

在有情感表达、有应答反应和支持性的教养方式下,儿童能获得与同伴交往的技能。年幼儿童通常是在非正式同伴游戏中学会社会技能的,若父母安排这类活动的频率比较高,则预示着儿童有更广的社会接纳和更多的亲社会行为。研究也发现,儿童所表现出来的能力会影响母亲控制儿童交往的程度,受到母亲高介入、低质量管理的儿童显得能力较差。如果频繁使用低质量的管理可能会对儿童的社会技能发展产生消极的作用,而且家长直接影响作用的形式及功能因儿童的成熟程度不同而不同(万晶晶,2001)。

(三)师生关系

师生关系是个体与他人之间的主要社会关系之一,对儿童的发展起着至关重要的作用。近年来,有关师生关系的研究逐渐增多。由于儿童与不同成人建立的依恋关系具有相似性,儿童与教师之间建立的依恋关系,一方面,将成为儿童与其他个体建立关系的内部模式并决定这些关系的性质;另一方面,将对儿童的社会性发展起着极为重要的作用。相关研究发现,教师良好的行为能够正向强化幼儿社会性行为的发展,和谐的师幼关系也能有利于幼儿社会交往技能的掌握。园内其他幼儿为幼儿交往提供了更多的机会,同龄儿童之间良好的人际交往是幼儿社会情感形成的主要来源,在幼儿社会性发展中起着不可或缺的作用,同伴关系的发展水平能够预测后期幼儿社会性发展(阴亚萍,2020)。

根据"多重依恋关系"理论，儿童可以与不同环境里（家庭、学校）扮演不同角色的成人（如父母、老师）建立不同的依恋关系，而且当师生依恋关系的特质被用于预测儿童在校的社会交往能力时，其预测性高于亲子依恋关系，甚至良好的师生依恋关系能够对安全性低的亲子关系起到补偿的作用（Howes，Rodning & Galluzzo，1988）。在民主—亲密型师生关系下，儿童表现出大方、开朗的性格和乐于助人的行为；在专制—紧张型师生关系下，儿童表现出更多的逆反心理和胆怯心理；在放任—冷漠型师生关系下，儿童表现出较多的不合作行为和攻击行为。钱亚兰（2007）指出教师对幼儿应多关注、多关爱、多接纳、多鼓励，营造积极健康的精神环境对幼儿的情绪情感起到积极的作用。教师主动问好，有利于拉近师幼间的距离（黄丽红，2007）。

（四）同伴关系

同伴关系，在儿童的社会化中起着成人无法取代的重要作用。在个体的三大主要人际关系中，同伴关系与个体社会—情绪能力的发展最为密切，这已经得到了以往研究的有力支持。就结构而言，同伴关系与成人的平等社会关系更相似，而亲子关系是种不对称的结构，它不能提供给儿童所有需要的社会—情绪能力。就功能而言，亲子关系的心理功能主要在于发展儿童的情感信赖及自我信任，形成心理安全感；而同伴关系在儿童社会化中的功能则在于发展儿童的社会认知和社会技能，塑造儿童的自我概念和满足儿童正常的心理需要。由此看来，各种社会关系之间并不存在决定性的因果关系，而是相互影响、部分独立的关系。同伴关系在儿童社会—情绪能力发展中发挥了独立于亲子关系的重要作用。同伴关系影响了各种具体社会—情绪能力的发展。比如，同伴关系中的合作与感情共鸣使得儿童获得了关于社会的更广阔的认知视野，在儿童与同伴交往中出现的冲突将促进社会观点采择能力发展，并促进社会交流所需要的技能的获得。我国学者关于同伴间的社会互动经验的研究也支持了这一结论。该研究发现，同伴间的社会互动经验对儿童观点采择能力的发展具有重要影响，在同伴关系中处于孤立地位的儿童，其社会观点采择能力的发展显著落后于高同伴互动组（张文新，1999）。同伴在个体人际交往能力发展中扮演着重要的角色，积极的同伴关系有利于个体社会—情绪能力的发展。

而同伴关系不良容易导致儿童孤僻、退缩、压抑等心理障碍，使他们适应社会有困难，甚至出现反社会行为。

三、环境支持

布朗芬布伦纳（Bronfenbrenner）的生态系统理论认为，个体在发展过程中并非是独立的存在，而是与周围环境相互依赖、相互依存、相互作用的，正是这些相互作用促进了个体的发展。幼儿所生活的周围环境影响其人际交往能力的发展，即微观系统、中间系统、外在系统以及宏观系统共同起作用。幼儿社会—情绪能力发展中环境支持策略主要包括以下几个方面。

（一）建立以儿童为中心的班级管理制度

以儿童为中心的班级管理允许儿童有自主的权利自由表达的机会，从而发展出较高的自尊水平，以及对周围环境与人的信任感。以儿童为中心的班级课堂规范和行为准则，应该由师生共同制定，发挥儿童的积极主动性，提升他们的"主人翁"意识。比如，幼儿可以自主制定班级公约；决定值日生的轮流顺序；讨论怎样管理班级图书馆书籍借阅；选择更受大家欢迎的班级活动等。教师可定期举办反馈会，讨论幼儿的需求和班级规则的适用性。另外，对违反规则的幼儿，采取具有一致性和逻辑性的规则予以适当惩罚，如排队插队的幼儿，让他连续几天都最后一个排队，而不是取消游戏的资格。

（二）营造温暖、民主、关爱、支持的课堂氛围

温暖、民主、关爱、支持的课堂氛围，能帮助幼儿在学习和生活中感受到被重视、被关爱和被信任，获得一种心理上的安全感。在温暖和民主的课堂氛围下，幼儿敢于表达自己的真实情绪，可以勇敢地对班级规则、教学方法、学习内容以及学习策略等提出有意义的建议。需要强调的是，民主、自由不等于放纵。教师需要为幼儿的发言设定一个大致框架和边界，并提供具体的可参考的选项，让"温暖"更靠谱，让"民主"更踏实。

当处于被关爱与支持的环境中时，幼儿更乐于在课堂上发表自己的独特见解、更愿意讲述发生在身边的小故事，也更擅于在别人求助时施以援手。那么，教师可以利用晨间谈话、餐后散步，区域游戏或课堂上的教育契机，表现出对幼儿的尊重与信任，鼓励幼儿积极发现同伴的优点，多肯定和赞美对方。

（三）支持教师专业培养促进学前儿童社会—情绪发展

有研究证明，提高教师社会—情绪能力可以有效地提升幼儿社会—情绪学习的效果。教师应该学习如何与幼儿积极互动，在遇到社会—情绪挑战和冲突时能做出积极反应，对幼儿行为的合理期望，设置一些条件来帮助园所的文化和氛围健康发展（比如尊重每一个人，寻找帮助他人的机会）。参加过培训的教师，在设计和实施社会—情绪教育的过程中可以更加系统的理解情绪知识及社会交往技能，也能以自身的行为给幼儿做出积极的表率。园所可以为教师提供一些专门的培训课程，或者鼓励教师阅读相关社会性与情绪能力发展的专业书籍，如丹尼尔·戈尔曼的《情感智商》、克斯特尔尼克的《儿童社会性发展指南理论到实践》。例如上海青浦徐泾第二幼儿园的园长王芳与高校教师申海燕（李燕教授团队成员）等合作，带领幼儿园教师阅读《终身成长》，并组建了为期21天的"青浦徐泾二幼教师读书成长陪伴营"活

动,取得了非常好的教师培训效果。

教师在教学过程中,不可避免地会对教学过程、教学方法和管理方法等进行改进,以促进课堂氛围。而教师的这些教学行为,如教师的称赞、让幼儿积极表达、对失败的鼓励、让幼儿参与决策和环境创设等,都有利于积极的师生关系,支持着幼儿的社会—情绪发展。

目前我国教师招聘、教师专业发展都较少涉及社会—情绪学习方面的知识技能培训,而且在教师的专业知识与能力中也没有相关内容的具体要求。此外,社会—情绪课程的实施在幼儿园是个长期的、潜移默化的过程,因此,需要持续性地对课程执教教师进行专业培训,才能保证社会—情绪课程实施的效果。我们需要建立真正有效的职前培养和职后培训一体化的教师专业发展体系,积极与国外和国内知名师范院校通力合作和探讨幼儿社会—情绪学习的课程体系,培养能够胜任幼儿社会—情绪学习教学的专业教师,从而既能丰富和充实课程执教教师的专业知识,又能大力提升他们的课堂执教能力。

(四) 帮助家长树立科学社会—情绪教育理念

家庭是儿童早期社会化的重要场所,父母的养育理念和行为,家庭情绪氛围等都是儿童早期社会—情绪学习能力习得的重要影响因素。

家园合作促进家长理念转化,帮助家长系统了解社会—情绪教育的内容、社会—情绪教育的重要意义,并从家长自身情绪能力调整角度出发,提高情绪觉察意识与情绪调控能力。鼓励家长在日常生活中以身作则,做好社会—情绪学习榜样,潜移默化地对孩子产生社会—情绪方面的影响。另外,可以借助学前教育的丰富资源:聘请社会—情绪学习专家入园给家长做专题讲座;推荐家长阅读社会—情绪学习的专业书籍或图画书,如《情商》《共情的力量》《接纳力》《正念教养》等;利用家长开放日组织家长观摩社会—情绪学习集体活动;在班级中利用微信群开展亲子图画书阅读沙龙、家长共读沙龙等系列活动,家长之间形成共学习、共成长的氛围,彼此之间相互支持,提升自己的养育自我效能感。

(五) 家园社区合作促进学前儿童社会—情绪学习发展

当前,人们逐渐意识到家庭和社区也是幼儿学习的重要场所,只有教师、家长和社区人员就幼儿的社会—情绪学习达成共识,形成教育合力,幼儿社会—情绪学习才会起到更好的效果。教师应定期通过家长会、家长讲座、网络等平台引导家长进行有关知识的学习,或者定期邀请家长和社区人员参与园所设计的社会—情绪学习活动。教师在社会—情绪教育的课程之后,可设计家园共育的延伸活动,创设家长与幼儿共同完成社会—情绪的小任务。此外,幼儿园应主动邀请家长、社区人员评价幼儿的社会—情绪发展水平,如通过发放权威的问卷或量表来记录和分析儿童的社会—情绪发展水平,从而获知幼儿发展水平的直观水平与变化。

补充资料

伊利诺伊大学芝加哥分校以及 CASEL 组织开发出了指导学校执行 SEL 项目的工具包。此实施流程分为准备、计划和执行 3 个阶段，共 10 个具体执行步骤，同时包含 6 种可持续因素以保障 SEL 的持续性和有效性。

➤ **三阶段 10 步骤具体实施过程**

一、准备阶段

主要包括两项工作：

1. 学校负责人倡导在全校范围实施 SEL 项目，并做出承诺确保 SEL 项目顺利进行；

2. 形成广泛、全面的指导委员会。

二、计划阶段

主要包括四项工作：

1. 制订共同目标；

2. 评估全校师生的需求和已有教学资源；

3. 制订一个具体的 SEL 行动计划；

4. 选择有效的执行程序。

三、执行阶段

主要包括四项工作：

1. 对授课教师进行培训；

2. 在班级中开展 SEL 教学；

3. 将 SEL 内容渗透到课外活动中，形成广泛的有利于社会—情绪发展的学习氛围；

4. 根据实践经验和研究，不断修订和调整 SEL 计划。

➤ **六大保障 SEL 实施的可持续因素**

另外，为保证 SEL 项目能对幼儿起到可持续性效果，需要长期地执行此项目，因此，在具体实施的过程中应考虑到 6 个可持续性因素：

1. 对教师和管理者提供持续的专业化发展、反馈与反思，促进 SEL 计划长久保持动力；

2. 评价 SEL 实践结果，并进行改进；

3. 提供支持 SEL 计划的基础条件（如：政策、资金、时间、人员等）；

4. 将 SEL 渗透到全校各类活动中；

5. 与家庭和社区形成合作关系；

6. 在全校、家庭和社区分享 SEL 的实践成果，并加强交流以获得支持和维持 SEL 活动的热情。

SEL 项目工具包的建立与完善保证了社会—情绪学习的顺利进行，对长期作用于幼儿的学习和生活上的成功提供了强有力的保障。

第三章／

以图画书为载体的学前儿童社
会—情绪学习活动设计及案例分析

《各种各样的表情》教学活动片段：

在一次故事活动中，叮当老师出示了图画书中各种各样"脸"的图片，请孩子们仔细观察后，说说自己的理解。

师：这些脸上的表情你认识吗？说一说。

幼：有哭的表情、笑的表情、生气的表情、伤心的表情、恐惧的表情……

师：每个人的脸上都有不同的表情。

叮当老师出示了害怕的脸的图片，让孩子们观察图片，感受更多表情的变化。

师：你们看看这是什么脸？

幼：害怕的脸。

师：你怎么知道的？

幼：她的眼睛睁得大大的，她的嘴巴也大大的，她很害怕。

师：你什么时候也会感到害怕？

幼：有一次我迷路了，找不到妈妈很害怕。我在黑暗的地方很害怕。有时候听到冲马桶的声音很大我很害怕。我犯错的时候也会害怕……

师：当你害怕时，你可以怎么做？爸爸妈妈会做些什么？

幼：我可以告诉自己不要害怕。爸爸妈妈会抱抱我，拉住我的手，告诉我：没关系，不要害怕……

师：对，自己的暗示和周围人的安慰能让我们变得不那么害怕。那当别人害怕时，你会做些什么让他不害怕呢？

叮当老师鼓励孩子们说说让自己害怕的东西或事情，面对害怕的情绪我们可以怎么做，面对别人的害怕情绪可以怎么安慰……教室里一片热闹的讨论声……

在以上教学案例中，图画书《各种各样的脸》中蕴含着多样的社会—情绪教育元素。教师不仅可以通过图画书让幼儿认识各种各样的情绪，分析不同情绪的表情与行为（即情绪的外在表现），还能引导幼儿唤起相关的情绪经验，并学习观察周围人的情绪，用恰当的方式关心关爱他人的消极情绪。除了《各种各样的脸》，还有许多图画书都蕴含着丰富的社会—情绪教育内容，这些图画书符合儿童具体形象思维的特征，趣味性强，能唤起幼儿的已有经验，从不同的角度提升幼儿的社会—情绪能力。因此，以图画书为载体进行社会—情绪教育是幼儿园中十分必要的教育教学活动。本章将首先介绍以图画书为载体进行社会—情绪学习的理论，再分别从自我意识、自我管理、社会意识、人际关系、负责任的决定等社会—情绪学习的子维度方面呈现案例。

第一节　以图画书为载体的学前儿童社会—情绪学习的活动设计

2012年，为了深入贯彻《国家中长期教育改革和发展规划纲要（2010—2020年）》和《国务院关于当前发展学前教育的若干意见》，教育部颁布了《3—6岁儿童学习与发展指南》（以下简称《指南》）。《指南》明确指出，为幼儿提供一定数量、符合幼儿年龄特点、富有童趣的图画书；与幼儿一起看图书讲故事；进一步拓展学习经验。图画书作为一种图文并茂，兼具教育性、艺术性和文学性的儿童读物，符合幼儿的身心发展规律，契合《指南》的目标，顺应学前教育改革的趋势。由此可见，在幼儿园中开展图画书活动是一项重要且有意义的活动。

一、图画书的定义

图画书的英文是"Picture book"，顾名思义是画出来的书。有学者认为：图画书是依靠图文的相互关系即文字语言和视觉语言来共同叙述故事情节的图书类型，书中的图片会作为书的内容出现在每一页当中，并且它对故事的完整叙述具有不可或缺的作用（Maria Nikolajeva & Carole Scott，1998）。我国学者彭懿在其著作《图画书：阅读与经典》中将图画书界定为：图画书是用图画与文字相结合来叙述一个完整的故事，它是通过文字与图画两种媒介在不同的层面上交织互动来叙述故事的一门艺术。综合来看，图画书是适合3—6岁儿童阅读的，具有艺术性、教育性和文学性的图文并茂的儿童读物。

二、图画书对于幼儿发展的价值

根据皮亚杰的儿童认知发展理论，3—6岁的幼儿正处在前运算阶段，具体形象思维是这个时期幼儿的主要思维，表现在需要借助事物鲜明的形象、表象和符号以及它们之间的联系来进行思维活动。图画书人物形象鲜明、画面色彩斑斓、故事内容生动有趣，符合幼儿的认知特点。在阅读图画书的过程中，年龄稍小的幼儿可以通过图画书中直观的画面来加强对故事内容的理解，而年龄稍大的幼儿则能够把握故事情节，根据已有经验进行简单推理和预测。图画书作为一种图文并茂的文学形式，符合幼儿的认知特点。

众所周知，图画书是幼儿从口头语言到书面语言发展的桥梁，对幼儿语言发展有着重要的促进作用。但除了促进语言发展，图画书还蕴含着其他教育形式所不能替代的独特价值，它在早期幼儿发展中发挥着不可替代的作用，对幼儿的审美、认知、交往、情绪情感等多方面的发展起到促进作用。

（一）促进幼儿审美能力的发展

图画书给人美丽、鲜艳的印象，带来非常愉快的视觉体验，可以提升幼儿的审美。松居直（2013）在《幸福的种子》一书中指出，图画书是孩子最早接触的绘画和艺术作品。儿童能从图画书中学会欣赏美，提高艺术欣赏能力。康长运（2002）认为图画书能够促进幼儿审美能力的发展，以其具有的外在形式美和内在意蕴美构建一个美的世界，给幼儿带来精神上的愉悦满足。陈亚平（2012）认为图画书能让幼儿体会到生动的形象、有趣的画面、鲜艳的色彩、丰富的语言、优美的意境等角度的美，从而提升幼儿的审美情感，发展其审美感知能力。

（二）促进幼儿自我意识的发展

自我意识的发展是个体认知结构系统不断调整、更新的过程，也是个体自我认知结构不断重构的过程。处于感知运动阶段（0～2岁）和前运算阶段（2～7岁）的幼儿，尚未建立起真正的逻辑思维能力，他们需要依靠实物或图片来获取信息，并使之与自身已有经验进行同化和顺应，进而完善自我。因此，以图画为主的图画书能够给幼儿的认知发展提供一个可观察、可思考的平台。幼儿在阅读中一旦经历到类似的生活场景，相应的感受或经验将再次复刻进他们的脑海，从而逐渐勾画出自我精神世界。在这个精神世界里，幼儿能不断地感知社会、理解自我，重建自我认知，实现自我意识的再发展。

（三）促进幼儿人际交往的发展

图画书作为幼儿喜欢的读物，可以成为幼儿交往的良好媒介。首先，图画书能够促进幼儿语言表达，而语言是幼儿与人交往的必不可少的要素。其次，图画书中展现的许多关于亲子交往、同伴交往、师幼交往的方法和技能，能够帮助幼儿去自我中心化，发展幼儿的移情与观点采择能力，同时激发幼儿的自尊与自信，促使幼儿不仅愿意与人交往，并能学会与周围人友好相处。因此，利用幼儿对图画书的喜爱，开展多维的阅读交往引导，可以引发幼儿与同伴的积极交往，增进父母与幼儿间的亲密关系，促进教师与幼儿间的积极互动。

（四）促进幼儿想象力和思维能力的发展

阅读图画书对幼儿而言就是"把故事中看不见的世界，变成心里看得见的画面的能力"，这就是想象力。日本图画书大师松居直(2009)在《我的图画书论》中提出："对于读图画书而言，读书就是读故事，通过图画读懂故事。那么对孩子来说，就是把故事这个眼睛看不见的世界变成在自己心中看得见的画的能力，也就是一般被称为想象力的能力，如果想象力丰富，人就能看到看不见的东西，图画书与想象力有很大的关系。"我国学者康长运(2007)认为：儿童对图画书的探究主要表现在对文字的探究、对图画的猜想、对故事情节如何发展的好奇和对图画书本身的"打破砂锅问到底"。他还提出：图画书能够提高幼儿的逻辑思维能力，幼儿知识经验的获得在一定程度上需要依托符号和语言的作用，图画书承载着丰富的信息符号，能够开拓幼儿的思维空间。

（五）促进幼儿情绪情感的发展

图画书能通过图画表达故事和情感，具有独特的感染力，因此，图画书有利于幼儿获得积极丰富的情感体验，能够促进幼儿的社会化。首先，幼儿阅读图画书时会移情于主人公，在图画书中幼儿可以随着情节的发展体会到人物高兴、悲伤、害怕等复杂多变的情绪；其次，图画书还能让幼儿感受到"爱""友情""生命"等不同的情感，引起情感共鸣；最后，图画书中的内容大都贴切实际生活，幼儿在阅读图画书时会将自己的生活经验代入故事情节，并在阅读中扩展经验，理解社会规范，从而获得社会性的发展。

由此可见，图画书对于幼儿社会—情绪发展中的自我意识、自我管理、社会意识、人际关系以及问题解决等方面都有促进作用。教师要善于选择和运用图画书，促进幼儿的社会—情绪能力的发展。

三、图画书的选择

由于图画书的独特性以及它的教育价值越来越受到大家的关注和肯定，选择适合幼儿阅读的图画书成为十分重要的环节。但图画书内容多种多样，来源于不同地域，不同文化背景，在这众多的图画书中该如何选择？怎样的图画书才适合幼儿？

（一）儿童性

优质的图画书符合幼儿的身心发展规律，通过幼儿自身的选择与建构，促进幼儿的发展，为幼儿带来良好的成长机遇。首先，以幼儿为本，是幼儿教育的永恒真理，从幼儿的视角出发、选择适合幼儿心理与生理发展的内容是进行图画书阅读的首要前提。其次，在语言表述和画面呈现方式上，要选择幼儿易于理解、易于阅读的图画书。最后，内容上，要以解放幼儿的天性、守护幼儿的童真为立足点，选择关注幼儿身心状态、深入幼儿心灵深处的故事内容。

（二）年龄性

幼儿的每一个成长发育阶段都有其独特的心智发展特征，应根据幼儿年龄段的心智发展特征选择图画书。1~3岁幼儿自我意识萌芽,五官机能迅速发展,但这一阶段的幼儿认知能力、理解能力有限,教师在选择图画书时应综合考虑视觉、听觉、触觉等因素,选择以图为主、图文并茂、情节较简单、形象鲜明的图画书;4~6岁幼儿社会意识增强,思维能力也进一步发展,这一时期的幼儿开始关注自身以外的环境,且想象力和表象思维也开始发展,教师可以在感知的基础上,融入内容多元、画面有趣、情节生动、意义深刻、富含哲理的图画书,如亲情友情、民族文化、问题解决、价值观等相关图画书,促进幼儿的社会认知建构和问题解决能力的提升(刘丽红,2013)。

(三) 趣味性

图画书内容的选择应以幼儿的已有经验为基础,以幼儿为本位,满足幼儿的兴趣需要。符合幼儿的身心发展特点。只有幼儿感兴趣,幼儿才会积极主动阅读,图画书中包含的教育价值才会被幼儿吸取。因此,教育者要根据幼儿的个性特征,选择主题鲜明、画面奇趣丰富、情节构思巧妙、内容符合幼儿兴趣特点的图画书。正如日本图画书作家松居直所倡导的,图画书对幼儿来说的作用不是为了学习多少知识,而是为了让幼儿体验与感受到幸福快乐。

(四) 互动性

优质的图画书总能引起幼儿的许多共鸣,引发幼儿的表达表现,从而与图画书本身产生互动,或者与共读的陪伴者产生共鸣,这也是图画书阅读中最常见到的场景:幼儿针对图画书发表自己的看法或疑问,从而自言自语或者与一起阅读的"同伴"产生一系列的讨论,因此,成人选择图画书时要注重思考图画书是否具有互动性。而有互动性的图画书往往具有这样一些特点:首先,故事的取材贴近孩子的生活,最好是孩子熟悉的事情,情节要符合孩子年龄特点的独特的心理状况、思维方法和语言特色 但要有一些异于常态、常理、常情的变化,使孩子感到熟悉而奇特,新颖而有趣;其次,故事本身留给幼儿一些思考空间,如发散性的结尾、倒叙式的记事方法、并列式的故事情节等,引发幼儿思考和进一步的表达、推理。

(五) 全面性

图画书阅读对幼儿多方面的发展具有积极意义,教师应该充分发挥图画书的教育价值,多方面挖掘和拓展图画书的内容与类型,以期促进幼儿的成长。教育者选择的图画书内容与题材既要丰富,又要贴近幼儿实际生活。在包罗万象的图画书故事中题材可以是情绪情感、生命知识、人际交往、社会意识、问题解决、想象力启发等,涵盖幼儿园语言、社会、健康、科学、艺术等多个领域,全方位、多角度促进幼儿发展。

四、图画书阅读活动的设计

图画书阅读活动的形式有多种,按照共读的陪伴人员,可以分为自主阅读、亲子共读、师幼共读、同伴共读；按照阅读过程中幼儿的自由程度，可以分为高结构图画书阅读（一般指集体教学活动）和低结构图画书阅读（一般指较为宽松的阅读区阅读）；按照幼儿人数的多少，可以分为一对一共读、小组共读和集体共读。本章将以高结构的集体教学活动为例，提供图画书阅读的设计案例，每个案例包含设计的社会—情绪核心概念、设计理念、活动设计三部分。

（一）核心概念

核心概念部分介绍该图画书活动所对应的社会—情绪核心能力，是教师设计活动的基本线索。整个图画书活动都围绕该社会—情绪核心能力展开，包括活动目标的制定、活动重难点的落实、活动过程的设计、活动策略的选择等。

（二）设计意图

设计意图部分结合幼儿发展特点以及《3—6岁儿童学习与发展指南》《幼儿园教育指导纲要（试行）》《幼儿园工作规程》等教育部下发的学前教育相关文件，阐述该图画书活动设计与幼儿社会—情绪能力的相关性、与幼儿年龄发展目标的匹配度、对幼儿社会—情绪发展的价值等。

（三）活动设计

活动设计部分从教学活动设计的角度出发，分别呈现活动目标、活动准备、活动重难点、活动过程。其中，活动过程包含的环节有热身活动、学习活动、练习活动和延伸活动。各个环节环环相扣，紧密衔接。

热身活动主要是通过一些与该图画书活动内容相关的游戏、故事、歌曲律动、表演、猜谜等，唤起幼儿与该图画书活动相关的经验，从而激发其参与图画书活动的兴趣，为接下来的活动做好铺垫。

学习活动是在图画书故事的基础上，以该图画书的核心概念为主线，由教师设计提问，唤起幼儿的已有经验，同时通过各种游戏、表演、技能或行为练习等，引导幼儿的社会—情绪技能学习，并由教师启发和引导幼儿总结该社会—情绪的技能技巧。

练习活动是在学习活动的基础上，设计与学习活动相类似的情境或问题，让幼儿利用图画书活动中所学的社会—情绪技能进行问题解决或技能巩固练习。

延伸活动主要是结合区角活动、家园合作等教育形式和途径，设计一些操作活动、情境问题、讲述活动、亲子任务等，鼓励幼儿巩固集体教学活动中的社会—情绪核心技能。

第二节 以图画书为载体促进自我意识发展的活动设计案例

自我意识指个体正确识别、理解自己情绪的能力,包括准确地评估自己的感受、兴趣、价值和长处,以及自尊、自信和自我效能感。在幼儿阶段逐渐发展起来的对自己能力、情绪状态的理解和评价,以及在此基础上形成的自尊和自我效能感,是儿童入学后及整个学龄阶段影响他们学业适应的重要因素之一。本节的活动案例以认知自我情绪认知、自我觉察、自尊与自信、自我效能为主。

以图画书为载体促进幼儿自我意识的活动案例,关注儿童对自身感受的识别和理解、对他人情绪状态的理解、对自己能力和价值感的体验等。相关的教学重点有:(1)通过表情模仿与表演,识别不同的表情和情绪,推断情绪背后的原因;(2)通过观察植物与人类成长的过程,感知自己身体的变化,并能喜欢自己、肯定自己、接纳自己,建构积极的自我意识;(3)了解自己名字含义,感受家人对自己的爱,知道自己的独特之处,用自我对话的方式建立自信;(4)遇到问题时,先让自己平静,思考解决问题的办法,不断积累解决问题后的成功感,提升自我效能感。具体的案例如下。

案例1:各种各样的表情(小班)

> 主要领域:社会/语言
>
> 社会——情绪学习:自我意识-自我情绪认知

核心概念

情绪识别:能够识别基本情绪。

设计意图

情绪理解是社会认知领域研究的重要课题,在个体的社会性发展中起着重要的作用。幼儿阶段是幼儿的情绪理解能力快速发展的时期,而情绪能力发展的第1个阶段就是意识到自我的情绪。《各种各样的脸》是一本有关幼儿情绪情感类的图画书。它通过生动的图画向幼儿展示了"我"各种各样的表情以及每种表情对应的情境。表情是情绪的外化形式和标签,因而幼儿对于图画书中表情的理解程度显示了幼儿对于情绪的理解。对小班幼儿来说,需要提高其对基本情绪的识别能力,通过识别基本的情绪面部表情,尝试理解情绪和情境之间的关系。本次活动将情绪与具体的情境相联系,引导幼儿仔细观察情境,识别基本情绪,理解情绪和情境之间的关系。

活动目标

1. 关注脸部表情,能够初步识别常见的情绪表情。
2. 体验表情游戏的乐趣,愿意模仿和表现不同情绪表情。

活动准备

1. 经验准备:已学唱并表演过音乐《表情歌》。
2. 物质准备:PPT、表情展览、表情门帘。

活动重、难点

1. 活动重点:关注脸部表情,能够初步识别常见的情绪表情。
2. 活动难点:体验表情游戏的乐趣,愿意模仿和表现不同情绪表情。

活动过程

一、热身活动:表情歌

教师播放《表情歌》,幼儿跟着音乐表演。

师:还记得我们学过的《表情歌》吗,让我们一起来唱一唱、跳一跳吧!

附,歌曲《表情歌》

我快乐,我快乐,我就拍拍手,我就拍拍手,看大家一起拍拍手。

我生气,我生气,我就撅撅嘴,我就撅撅嘴,看大家一起撅撅嘴。

我着急,我着急,我就跺跺脚,我就跺跺脚,看大家一起跺跺脚。

我高兴,我高兴,我就大声笑,我就大声笑,看大家一起大声笑。

游戏小贴士

游戏让幼儿体验了用不同的身体动作,表达不同的情绪。

二、学习活动:图画书《各种各样的脸》

◇ 观察"脸"的图片,结合生活表达自己对表情的理解师:(出示不同表情的图片)听完了表情歌,这些脸上的表情你认识吗? 让我们一起来说一说。

小结:原来我们的脸很厉害,可以变出不同的表情。

◇ 根据脸的局部猜表情,进一步理解表情

关键提问:1. 我们的脸被遮起来了,你能猜猜这是什么表情吗?

2. 从什么地方看出他很(开心、难过等)?

3. 眼睛、嘴巴怎么样?

◇ 自主阅读:幼儿自主观察图片,体验更多表情变化,并尝试模仿表情

师:老师这里还有两个被遮起来的表情,你能猜出它是什么表情吗? 怎么猜出来的? 再来看看这里还有许多的表情,你有没有这些表情呢?

小结:我们看到了各种各样的脸,遇到不同的事情,脸上的表情也是不一样的。

◇ 根据事件猜测表情,结合经验进行讨论

师:刚刚我们通过嘴巴和眼睛猜出了脸,这次我们整个脸不见了。我们还能不能猜猜宝宝现在是什么脸? 你是怎么知道的?

(引导幼儿猜测表情背后的原因。)

三、练习活动:猜表情

一位幼儿上台,坐在表情门帘后,做出相应表情,当打开门帘,其他孩子一起来猜,他是什么表情。

活动小结

每个人遇到不同的事情,都会有不同的表情,我们可以通过表情了解到别人的情绪。

四、延伸活动

1. 区角活动:鼓励幼儿继续发现不同的脸

这些各种各样的表情特别有趣,刚才小朋友说了许多表情的故

事,我们可以把它制作成一本属于我们班级的表情书,放在我们的图书区,让别的小朋友也来一起看看。

2. 家园互动:在家和爸爸妈妈一起玩"猜表情"的游戏。

设计者　浦南幼儿园　孙利华

案例 2:神奇大脑(大班)

> 主要领域:社会/语言
>
> 社会——情绪学习:自我意识-自我觉察

核心概念

自我觉察:能够辨别和了解自己的身体,察觉到身体的感受,认识大脑的工作状态、体验专注。

设计意图

《白鹤日记》用日记的形式呈现了白鹤从出生到成年,不断练习飞行的故事。大班幼儿通过了解白鹤飞行的过程,把经验迁移到自身,知道人也是通过大脑的工作,来使得身体各方面正常运作,控制情绪、会记忆。《幼儿园教育指导纲要(试行)》中指出要在幼儿教育中激发幼儿的探究欲和认知的兴趣,因此需在活动中培养幼儿乐于探索的能力以及自主探索意识的综合发展。鼓励幼儿在玩中做、玩中学,促进幼儿双手协调运作。手指动作的训练不仅能够刺激大脑细胞,提升思维活动水平,也有助于幼儿调节能力的发展。

活动目标

1. 知道白鹤在成长中练习飞行,是大脑的工作控制着身体的各个部分顺利运转。

2. 初步了解大脑的形态和结构,知道大脑在人体活动中起着重要的指挥中心的作用。

3. 能大胆地表达自己的想法,对探究大脑的活动有兴趣。

活动准备

1. 经验准备:阅读过《白鹤日记》。

2. 物质准备：PPT、涉及大脑相关区域的图片（例如：海马体、杏仁体、前额皮质等）、核桃、计时器。

活动重、难点

1. 活动重点：初步了解大脑的形态和结构，知道大脑在人体活动中起着重要的指挥中心的作用。

2. 活动难点：能大胆地表达自己的想法，对探究大脑的活动有兴趣。

活动过程

一、热身活动：身体变变变

（一）请你跟我这样做

【规则：教师说指令，幼儿做出相应的动作，如向左转、举起左手、原地跳一下等。】

（二）请你跟我反着做

【规则：教师说指令，幼儿做出相反的动作。】

（三）手指游戏

【规则1：一手张开，一手握拳，交替进行】

【规则2：手指加减法】

(1)　　(+)　　(1)　　(=)　　(2)

游戏结束，你们知道刚才的那些动作都是哪个器官指挥身体做出的吗？

谜语：人体有个宝，用它来思考。我们看不见，智慧在里面。

小结：你们知道我们的总司令在什么地方？（引导幼儿摸摸头部，说说自己的感受）其实，就是我们聪明的大脑，之前，我们一起阅读过了《白鹤日记》，白鹤练习飞行时，也用到了聪明的大脑。

游戏小贴士

1. 通过游戏，引导幼儿了解自己在不同指令下控制身体的变化的是大脑。

2. 引导幼儿注意倾听游戏内容和规则。

二、学习活动:认识大脑

(一)了解大脑的特点

1. 大脑的位置

关键提问:孩子们,你能看见大脑吗? 你能摸到大脑吗?

过渡语:我们摸到的坚硬的部分其实是我们的颅骨,大脑就藏在颅骨包裹的颅腔内,所以我们看不着摸不着,不过我们可以借助图片来看看。

2. 大脑的形状

关键提问:大脑是什么颜色? 大脑长得像什么?(引导幼儿观察想象,出示核桃仁)

小结:瞧,粉红色的大脑,表面凸凹不平,就好像核桃仁的表面。大脑包括右、左两个半球以及连接两个半球的中间部分。

3. 大脑的大小

关键提问:猜猜大脑有多重?(引导幼儿伸出双手,把两只手握成拳头并拢在一起,并放在额头前。)你大脑的大小差不多就是两只拳头并拢在一起时的大小。观察旁边朋友的拳头,你们有什么发现吗?

小结:虽然我们每个小朋友长得不一样,大脑大小也会不一样,但我们小朋友的年龄差不多,所以大脑也差不多大。随着我们的年龄增长,大脑的重量也会增长,到我们成年后,在 1350 克左右,大约是 30 颗鸡蛋的重量。

(二)了解大脑的作用

过渡语:刚刚我们看了大脑的颜色、形状,了解了大脑的大小和位置,我来考考你们哦,看谁的大脑最聪明。

1. 考考你的记忆!

【规则:出示几张不同的图形,10 秒后消失,请孩子说出依次是什么】

(1)形状图片(说出四个图形分别是什么)

(2)水果图片(说出在哪个位置是什么水果)

(3)图形图片(说出什么图像交换了位置)

关键提问:你还记得刚才的图形是哪几个吗? 那你们知道是谁帮助你记住这些图形的吗?(出示海马区图片)

大脑中的海马体就像海马,它负责储存我们的记忆,让你记得你学到的本领、做过的事情、看到的东西等。

2. 演一演你的情绪!

【规则:出示不同的情景图片,请幼儿表演出来】

关键提问:当你生气、难过、高兴、感动的时候,你会怎么办呢?

(1)迷路

(2)老师表扬

(3)玩具被同伴破坏

(4)听到了悄悄话

关键提问:你知道是谁在指挥我们这样做吗?(出示杏仁核的图片)

大脑中,这个小小圆圆的就是杏仁体。当我们遇到开心、不开心的事情的时候,它会让我们产生情绪,认识情绪,然后做出行动和表情。

我们一起来看一个视频,再来好好认识一下大脑和它的作用吧!(播放视频)

小结:大脑的组成很复杂,有枕叶、顶叶、颞叶、额叶。额叶使我们有感情、有思维、有记忆;顶叶能使人有感觉;枕叶能使人看到东西(视觉);颞叶使人听到声音(听觉)。《白鹤日记》中,在一路上白鹤会遇到电线、渔网,这会对他们的生命造成危险;他们还要飞很多天,飞过高山、森林、城市、大海,这是大脑在帮助它们控制身体,保持良好的飞行,遇见危险及时躲避、遇见长途劳累告诉它们要坚持到底。

三、练习活动——静坐游戏

(一)白鹤飞行

我们在图画书中看到白鹤在飞行中,能够正确控制方向、坚持不懈长途飞行。那么我们今天也玩一下这个"飞行游戏"。现在我们安静地站起来,闭上眼睛,张开双手,慢慢的挥动翅膀,想象自己和白鹤一样,飞过高山,飞过森林、飞过城市和大海……不要睁开眼睛,保持飞行、倾听。如果你觉得自己走神了,再重新安静下来,稳稳地飞行。

（二）分享环节

现在大家一起来分享，你听到了什么。

关键提问：这些声音我们平时会经常听到吗？为什么经常听不到这些声音呢？

小结：因为我们有太多的时间都在吵闹，没有安静下来仔细地倾听这些美妙的声音，如果你静下心来的话，你就可以听到很多美妙的声音。所以，我们要经常让自己安静下来，静静地倾听身边的声音，听听这些声音和平时有什么不同。

活动小结

今天我们认识了大脑的结构，还知道了它对我们生活中重要的作用，大脑能帮助我们记住重要的信息、控制我们的情绪、通过大脑专注练习，能控制身体。我们要多多锻炼大脑，但是，不能过度使用大脑，也要好好保护好它哦！

四、延伸活动

1. 区角活动：再次阅读《白鹤日记》，更好地理解大脑的作用；通过大脑模型，进一步认识大脑每个部分的作用。

2. 家园互动：和爸爸妈妈一起讨论，如何更好地保护大脑和锻炼大脑的好方法。

设计者　浦南幼儿园　徐文汐

案例3：独一无二的我（中班）

> 主要领域：社会/语言
>
> 社会——情绪学习：自我意识-自尊与自信

核心概念

认识不同：能从身体特征、爱好等方面区别自己和他人的不同。

自尊与自信：知道自己的优势，感受自己的努力，喜欢自己并接纳自己。

设计意图

随着孩子不断地长大,他们的自我意识逐渐增强,对自己的了解也从外显的身体特征慢慢转向内隐的爱好、能力等方面。《指南》指出,中班的孩子应清晰自己不同与他人的一些特征并能清晰进行描述。但往往我们会发现很多孩子对于自己的一些个性化的特征是不满意的,不能予以接纳。

故事中的黄小丫对自己样样满意,唯独不喜欢自己的名字,因为她觉得太普通了。在经历过"把名字送走"之后,她才知道自己的名字是饱含着家人对自己的爱,开始正确地看待自己的名字,尝试接纳这属于她自己的一部分。通过本次活动,让幼儿感知自己的独一无二,用自我对话的方式建立自信,喜欢自己,悦纳自己。

活动目标

1. 感知故事中黄小丫失去名字后的失落,知道每个人的名字饱含着家人对我们的爱。

2. 尝试说说自己与他人的独特之处,用自我对话的方式建立自信,悦纳自己。

活动准备

1. 经验准备:知道自己名字的含义,阅读过《我的名字叫黄小丫》。

2. 材料准备:图画书课件、赞美小猪(象征性的替代物品均可)、幼儿记录纸(记录自己还需要加油的地方)、星星贴纸。

活动重、难点

1. 活动重点:感知每个人的与众不同。

2. 活动难点:用自我对话方式建立自信。

活动过程

一、热身活动:我喜欢我自己(对自己建立自信)

游戏规则:

击鼓传花,当鼓声落下,拿到赞美小猪的幼儿起立。

同伴一起说一说:

1. 我喜欢自己,大声说:分享自己的优点。

2. 我喜欢朋友,一起说:说说朋友的优点。

游戏小贴士

　　游戏中,一人在表述时,其余幼儿认真倾听,然后进行轮换。幼儿从自己的视角和朋友的视角发现自己的长处,以此建立自信。活动时间可以充裕些,鼓励幼儿表述。

二、学习活动:图画书故事《我的名字叫黄小丫》

　　◇ 观察理解:黄小丫的心理变化

　　提问:故事中的黄小丫最不满意的是什么? 为什么?

　　小结:黄小丫觉得自己的名字太普通了。

　　提问:故事最后小丫喜欢自己的名字了吗?

　　小结:原来自己的名字是独一无二最特别的。

　　◇ 分享交流:自己的独一无二

　　提问:我们每个人的名字都不同,有着不同的意思,你们能来介绍下自己名字的含义吗?

　　提示:可以在活动开始前鼓励孩子去向自己家长了解一下自己名字的不同含义。

　　小结:我们每个人的名字都不一样,也都包含着家人对我们的爱与期望。

　　提问:除了名字的不同,我们还有着其他与别人不同的地方,大家来分享下自己的独特之处。

　　小结:我们每个人都是独一无二的,都是最棒的自己。

　　◇ 建立自信:我喜欢我自己

　　过渡:在黄小丫告诉了妈妈这件事情后,妈妈也告诉了小丫自己的烦恼:妈妈现在胖胖的,许多之前的漂亮衣服都穿不下了,她也感到非常地难过,不那么喜欢自己。

　　提问:你们有什么想要告诉妈妈的,让她也可以喜欢自己吗?

　　小结:是啊,我们可以用积极的心态去看待问题,就像找到自己身上会发光的星星一样,可能会有不一样的想法哦。

　　提问:我们其实和黄小丫一样,也会有着一些自己的小烦恼,我们也一起来想想办法,可不可以将这些小烦恼也变成我们特别

棒的地方呢？

小结：我自己是最最特别的，笑嘻嘻地面对自己，自信的伙伴才最棒哦！

活动小贴士

1. 鼓励幼儿大胆说一说自己的小烦恼。
2. 发动同伴一起想一想改善的方法。
3. 鼓励幼儿为自己、为同伴打气。

三、练习活动：自我对话

1. 阅读幼儿之前记录的自己不满意的地方

◇ 我的耳朵长得大大的。

◇ 我的跑步速度比较慢。

◇ 我的名字笔画很多很难写。

2. 教师示范。（我的脚小小的老是跳不好舞蹈，但是我会努力去跟着视频还有会跳舞的老师学习，总有一天我也会跳很漂亮的舞蹈并且把这个大本领教给我们班的孩子们。）（为自己贴上闪亮的星星）

3. 幼儿练习。为自己加油并贴上星星。感受用自我对话的方式建立自信。

小结：我们每个人是与众不同的，如果对自己有一些不满意的地方，记得为自己加油，给自己贴上小星星，我们就可以越来越自信·越来越棒哦。

活动小结

我们每个人都是那样的特别：有着被给予美好祝愿的名字、有着独一无二的长相……正因为这样，我们才是那个不会被替代的自己，我们每一个人都是最优秀的自己。即使，我们现在还有一些地方没有达到我们自己满意的程度，也不用担心，只要自己加油鼓劲并且继续努力，那我们就一定会遇到最好最棒的自己！

四、延伸活动

1. 区角活动：心情折线图

在理解黄小丫的心情变化和情绪变化的原因后，在区角中根据图画书画面简单复述故事情节，并根据小丫的心情起伏进行心情折线图的绘制，完成后借助教具机器人进行走线，进一步理解小丫的情绪变化过程及其变化原因。

2. 家园互动：我最特别

和爸爸妈妈说说自己的身体特征、爱好特点等，并说说自己的最满意的地方及原因。同时和家人说说原来自己不太满意的地方，和家人一起尝试用积极的心态去寻找好的一面，由此建立对自己的自信，进而接纳自己的所有。

设计者　浦南幼儿园　金晓敏

案例 4：我会自己做（小班）

主要领域：社会/语言
社会——情绪学习：自我意识-自我效能

核心概念

自我效能：自己能做的事情愿意自己做，为自己的好行为或活动成果感到高兴。

设计意图

在前期孩子们阅读了《我的动物老师》后，孩子们知道了每一类动物都有自己生存的优势，而我们人类有聪明的大脑与灵巧的双手，可以做很多事情。《3—6 岁儿童学习与发展指南》指出，3—4 岁的儿童"自己能做的事情愿意自己做"，"为自己的好行为或活动成果感到高兴"。随着动作和认知的发展，小班幼儿的自理能力逐渐增强，我们在班级中也看到孩子们在自理方面（如整理玩具、穿脱衣物、进餐）的不断进步，因此为了让幼儿能够进一步体验自我服务带来的成就感与满足感，本节教学活动聚焦于幼儿自理能力中的整理能力，让幼儿在做做说说中体验自我效能。

活动目标

1. 尝试有序地整理玩具和图书,体验自己的劳动成果。

2. 愿意在集体面前说说自己的本领,为自己的好行为感到高兴。

活动准备

1. 经验准备:已阅读图画书《我的动物老师》。

2. 材料准备:幼儿在家里各种本领的照片。

活动重、难点

尝试有序地整理玩具和图书,体验自己的劳动成果。

活动过程

一、热身活动:本领翻翻乐

1. 翻翻乐小游戏——介绍自己的本领

师:我们之前了解了动物老师们有自己不同的本领,人类也有许许多多的本领,今天我们一起来看看小朋友们有哪些本领。(邀请 3 位翻到照片的幼儿上台介绍)

2. 两人一组互相说说自己的本领

小结:我们用聪明的大脑和灵巧的双手可以做这么多事情,我们为自己的本领鼓鼓掌。

过渡:在幼儿园里,老师也看到小朋友们用自己聪明的大脑和灵巧的双手做了很厉害的事情,我们一起来看看他们的本领是什么。

二、学习活动:整理的方式

1. 图书的整理。

教师出示图片:小朋友做了什么事情? 他们是怎么整理图书的?

小结:原来,整理图书前要先观察图书上的形状标记,再找到书架上相同的形状,这样我们就可以把书本宝宝送回家,将书本整理得整整齐齐的! 通过形状和形状的配对,以及按照图书的大小来分类,小朋友们把原来乱糟糟的图书整理得真整齐!

2. 玩具的整理。

教师出示图片:小朋友做了什么事情? 他们是怎么整理玩具的? 里面还藏着一个秘密哦! 绿色的是什么玩具? 黄色的是什么? 原

来我们可以按照玩具的种类来分类,把一样的玩具放在一个框里,这样我们就能整理得非常整齐。

小结:把同样的玩具放在一个框里,小朋友们把原来乱糟糟的玩具整理得真整齐!

过渡:(回头看,我们教室里也有乱糟糟的图书和玩具,你们看到后感觉心情怎么样啊? 是啊,乱糟糟的东西看得我们心情也乱糟糟的。)今天我们教室里也有一些地方的图书和玩具摆得乱糟糟的,书宝宝和玩具宝宝都快被压得喘不过气了,但是书宝宝和玩具宝宝相信小朋友们可以用自己聪明的大脑和灵巧的双手帮他们摆放得整整齐齐、漂漂亮亮的!

三、练习活动:我是好帮手

1. 任务:现场整理玩具和图书。

要求:

① 2人一组,走到自己椅子后面的小桌前进行整理;

② 把桌面上的玩具/图书按照要求整理到框框中(展示图书形状的透明框,这个图书框框,你们发现它的秘密了吗? 应该把怎样的图书放进去? 再去看看其他框框上有什么形状,要把图书宝宝送到自己的家里去哦);

③ 音乐结束后小朋友们都回到座位上。

2. 幼儿操作,教师巡视。

3. 幼儿分享成果并提问

(分享有困难的小组——你们发现有什么问题? 一开始我们学本领的时候很容易犯错误,但是在我们自己的不断尝试下,在大家的帮助下,我们就能够成功。/没有问题就拉离老师最近的桌子,让幼儿述说你们是怎么整理玩具/图书的)

关键提问:回头看看,现在玩具和图书是怎样的? 你们觉得东西整理干净了心情怎么样? 是谁把东西整理得这么整齐啊? 对,就是你们,我要给你们竖两个大拇指。当我们通过自己的劳动把东西整理得干干净净,我们就会变得很高兴。(进一步感受自己的劳动成果,放大孩子的成功体验,为自己获得好的活动成果而高兴。)

活动小结

　　有很多事情我们可以自己完成，除了整理玩具和图书，我们还可以掌握哪些本领？自己挂衣服，自己吃饭，自己想办法解决问题。可能一开始我们并不能做得很好，但是告诉你们哦，只要我们不断地练习，不断地动脑筋，我们的本领就会越来越大，就象今天整理图书和玩具一样，今天的练习让你们的本领又变大了一些！

四、延伸活动

　　1. 区角活动：在班级区角中为玩具、图书做好标签，为幼儿提供自主整理收纳的机会。

　　2. 家园互动：和爸爸妈妈一起做家务，打扫整理自己的房间，和爸爸妈妈聊一聊整理完后的心情。

设计者　浦南幼儿园　张灵丽

第三节　以图画书为载体促进自我管理能力的活动设计案例

　　自我管理能力指个体在不同情况下有效管理自己情绪和行为的能力,包括处理焦虑、控制冲动、管理压力、制定目标、坚定的自信和自我坚持以及自我激励的能力等。学前儿童的自我管理主要涉及冲动克制和压力管理,克制冲动的情绪以及管理负面的感受不仅影响儿童未来的学习成绩,也影响他们的社交能力的发展和人际关系的形成。自我管理能力的发展使儿童能够使用一些技能(如工作记忆、注意力、努力控制、坚持自己的主张、拒绝不合理要求和抵制同伴压力等)来调整自己的社会和学业行为。因此,自我管理能力是儿童入学准备的重要内容之一。

　　以图画书为载体促进幼儿自我管理的活动案例,关注幼儿在不同情况下有效管理自己的情绪、思想和行为的能力。相关的教学重点有:(1)观察不同表情图片,感受情绪的变化,在角色扮演中知道如何用恰当的方式表达和管理自己的情绪;(2)掌握并运用"注意力望远镜"技能,提升观察力与专注力,感受和认识到专注于做一件事的成就感与喜悦,积累专注的经验;(3)尝试制定和执行日常惯例表,感受时间管理的好处,提升时间管理意识;(4)在游戏和图画书阅读中,体会遵守规则的重要性,提升行为管理和控制的能力。具体的案例如下。

案例 5:情绪棒棒糖(小班)

> 主要领域:社会/语言
>
> 社会——情绪学习:自我管理-情绪管理

核心概念

　　情绪管理:在成人的安抚下能平复强烈的情绪,能够以恰当的方式表达和管理自己的情绪和行为。

设计意图

　　小班幼儿是多以自我为中心,刚进入集体生活,难免会与伙伴出现一些小摩擦,然而小班幼儿的语言发展情况是难以支持其准确的表达自己想法和意愿的,往往会以抓、挥拳、哭闹等动作行为来表达和反映自己的情绪。

《超级棒棒糖》是一个集聚趣味性和戏剧性的故事，在故事中能让小班幼儿找到生活中的缩影，如一不顺心就大发脾气。本次活动意在帮助幼儿知道"生气"是正常的表现情绪，但生气时有些行为可以做，有些行为不能做，并让幼儿初步尝试让自己不开心的情绪平复下来的方法。

活动目标

1. 知道"生气"是一种正常的情绪，辨别生气时可以和不可以的行为。

2. 尝试体验简单练习让自己不开心的情绪平复下来。

活动准备

1. 经验准备：已阅读图画书《超级棒棒糖》。

2. 材料准备：生气、开心表情卡若干，PPT、沙包、积木、小汽车、纸杯。

活动重、难点

1. 活动重点：知道"生气"是一种正常的情绪，辨别生气时可以和不可以的行为。

2. 活动难点：尝试让自己不开心的情绪平复下来。

活动过程

一、热身活动：游戏环节——表情猜猜猜

1. 教师做，幼儿猜

教师从表情卡中抽取一张，教师自己看，不让幼儿看到。教师根据卡片表演相应的表情，幼儿来猜，教师打开卡片来验证。

2. 幼儿做，伙伴猜

一名幼儿从表情卡中抽取一张，根据卡片表演相应的表情，其他幼儿来猜。

小结：原来不同情绪的脸部表情是不一样的，读懂这些细节就能知道了。

游戏小贴士

游戏"表情猜猜猜"导入活动，通过表情表演、猜卡片，激发幼儿兴趣，也为后续活动做铺垫。

二、学习活动：让坏心情平复下来

《超级棒棒糖》讲述了自私的糖巫婆从一开始看什么都不顺眼，

还总是拿着超级棒棒糖欺负人,直到有一次遭遇意外时,她得到大家的帮助,从而改变了自己的故事。

1. 爱生气的糖巫婆

——情绪棒棒糖故事里的糖巫婆是怎么样的表情?你是怎么发现的?

小结:糖巫婆总是嘴巴往下弯、皱着眉头,每天都很生气。

——她生气后做了些什么事情?她做完这些事情自己变开心了吗?

小结:生气的糖巫婆用自己的棒棒糖把大家粘住,举得高高的,大家很害怕,受到了伤害,然而糖巫婆做了这些也并没有让自己变得开心,而是在自己道歉后看到大家开心表情后才变得开心的。

2. 情绪小屋:了解赶走情绪方法

游戏规则:用多媒体呈现小朋友们生气后的种种行为(哭闹、打架、撕纸、扔玩具/打沙包、听音乐、画画、腹式呼吸),让幼儿辨识可以和不可以做的事情;并将可以赶走坏情绪的好方法放进"开心小屋",将不好的方法扔进"垃圾桶"。

(哭闹、打架、撕纸、扔玩具/打沙包、听音乐、画画、腹式呼吸)

——你们来帮我看看,哪些方法可以帮助我们赶走坏心情?

——为什么把这些方法贴在哭脸表情这栏呢?说说理由。

小结:其实生气是我们生活中肯定会遇到的,也是我们一种正常的反应。但是生气后怎么做却要想一想,有些可以做,有些不可以做。

三、练习活动

1. 体验感受

提供不同的材料:纸杯、积木、小汽车。让幼儿尝试吹动这些材料。

2. 腹式呼吸大不同

——要吹动纸杯、积木、小汽车,需要怎么做?

——腹式呼吸和我们平时的呼吸有什么不同?(个别化幼儿示范:腹式呼吸)

小结:腹式呼吸,又叫做深呼吸,会比我们平时吸入更多气体,我们把小手放在自己肚子上,感受小肚子随着吸气慢慢变成一个气球,然后慢慢吐气又变成扁扁的,而这个过程会让我们慢慢平静下来。

3. 再次体验腹式呼吸

——我们再躺下来感受下,你现在会有什么感受?(让每个幼儿平躺,体验泡沫积木在小肚子上的起伏,了解当下的情绪感受)

小结:是的,不论我们站立、坐着或者躺着都可以进行腹式呼吸,这能让我们停一停、静一静,赶走我们的坏情绪,思路也会变得更清晰。这样的好方法不仅能让自己有好的感受,也能让自己真正开心起来。

活动小结

今天我们学习:当自己有不开心的情绪时,要学会冷静下来,做一些让自己开心,也不影响别人的事情。

四、延伸活动

1. 区角活动:我是情绪消防员

情境扮演故事内容,通过吹气球、吹手指等方式进行,感受腹式呼吸方法运用,体验腹式呼吸带给自己的平静感受。

2. 家园互动

将正确腹式呼吸的方法告知给爸爸妈妈,并在生活中发现和体验能帮助自己缓解情绪的不同方法,与伙伴分享。

设计者　徐泾第二幼儿园　唐惠玲

案例 6:专注小能手(大班)

主要领域:社会/语言
社会——情绪学习:自我管理-认知管理

核心概念

认知管理:学习专注的方法。

观察力:在观察中表现出稳定的品质和能力。

71

有意注意：自觉、有目的的注意，需要一定努力才能做到。

设计意图

　　幼儿阶段是儿童注意力发展的关键时期。幼儿注意力的发展是随着年龄的增长而不断发展的，从无意注意占主导，到有意注意开始萌芽，幼儿注意力各品质的发展由较低水平开始向上发展；在幼儿注意力发展的关键时期，用恰当的方式对其进行适时的训练和引导，能有效提高幼儿注意品质的质量。

　　注意力的培养对于幼儿今后的成长至关重要。注意力的发展可以较好的帮助幼儿感知外在世界，获取外界信息，它是幼儿感知的先决条件；幼儿与外界信息建立联系必须通过注意来完成。幼儿注意力发展水平关系着幼儿教师所教授的课程能否达到教学目的，是幼儿学习习惯的培养以及学习效率的关键因素；注意力的发展影响幼儿今后的学习和记忆，有研究表明，注意力缺陷与较差的学业表现存在相关性。与此同时，幼儿注意力发展水平影响着幼儿对环境的适应及社会互动，幼儿注意力水平的发展对幼儿社会性发展具有非常重要的作用。

　　《上海市幼儿园办园质量评价指南（试行稿）》中指出幼儿良好的学习习惯有做事专注、坚持，表现为：在提示下，不频繁更换活动；对感兴趣的活动能持续集中注意一段时间；活动中有注意力集中的时段。

　　本教学活动"专注小能手"，侧重利用图画书中的场景情节，提升幼儿的观察力与专注力。同时通过小鼹鼠坚持不懈挖地道的故事，帮助幼儿认识到专注于做一件事的成就感与喜悦，感受、积累专注的经验。活动中，引导幼儿掌握并运用集中注意力技巧："注意力眼镜"、瑜伽、静坐。

活动目标

　　1. 学习儿童瑜珈、静坐等方式，关注自己的身体体验，提高专注力。

　　2. 知道提高注意力的方法，能在游戏中灵活运用。

活动准备

　　1. 经验准备：已读过图画书《小鼹鼠挖地道》。

　　2. 材料准备：PPT、垫子、音乐、硬壳书。

活动重、难点

　　1. 活动重点：学习儿童瑜珈、静坐等方式，体会专注。

　　2. 活动难点：尝试运用提高注意力的方法在游戏中灵活运用。

活动过程

一、热身活动:注意力眼镜

1. 示范技巧

教师用双手握成圈放在眼睛上做示范,做一个眼镜。这就是"注意力眼镜"。邀请幼儿一起做"注意力眼镜"。

提问:注意力眼镜有什么用?

小结:注意力眼镜是用来集中注意力的。它可以帮我们看重要的东西,这样我们在集中注意力时会看得更清楚,不受其他东西影响,这些东西可能会让我们心不在焉,让我们分心。

2. 练习技巧

教师让幼儿们拿起注意力眼镜看教室内的任意物品。请拿起注意力眼镜看书架。现在把眼镜放下(手放下),无论眼镜在不在眼睛上,我们的注意力一直都在。使用教室里的物品多重复几次。

二、学习活动

前几天,我们读了《小鼹鼠挖地道》的图画书,在图画书中,小鼹鼠专注的挖地道,在一点点往下挖的时候,碰到了很多在冬眠的小动物,提高我们的专注力还需要我们静下心来,看看,这些小动物是怎么做的?

1. 儿童瑜珈

(1)乌龟式(图画书中的动物)

引导语

想象自己在一片沙滩上,小乌龟慢慢的爬行着,海风吹来了,周围都是海浪声,呼……啦……

坐在地上,吸气,挺直上身。弯曲膝盖,双脚脚心并拢。

呼气,向前弯曲。左臂从左腿穿过去,右臂从右腿穿过去。身体往下沉,尽量把头往下伸。保持一段时间,感受背部的弯曲。

有没有发现自己像个乌龟壳。试着保持一分钟。注意慢吸慢呼(教师可演示,并呼出声音)。

尔可以尝试用屁股慢慢向前挪动。

（2）螃蟹式（小乌龟的朋友，也带来了他教给我们的动作）

坐在地上，弯曲膝盖。

双脚踩稳，同时手掌扶地。

吸气，然后抬起臀部，这时你的整个身体躯干像一个四角板凳。

向上看，慢慢深呼吸保持一分钟。

也可以尝试像螃蟹一样移动。向前走，向后走走。

最后呼气并坐回地面。

休息一次，重复该动作三次。

我们游得更深一点，看看还有什么动物吧。

（3）鲨鱼式（小螃蟹带来了好朋友——大鲨鱼）

引导语

现在你是一条在大海中的鲨鱼，你的耳边是海浪的声音，你在大海里面安静地游着……

俯卧在地上，双臂放于身体两侧，双手掌心朝上。

头尽量向上看，吸气并挺起头部、肩膀及上身。

将双手在背后抓拢，假装是鱼鳍，保持三分钟。

呼气，把手放回身体两侧，放松身体。

（4）海星式（鲨鱼也带来了他的海星朋友）

引导语

现在的你，就是一只小海星，舒服地躺在沙滩上，周围也有许多小动物在慢慢地爬着：小螃蟹慢慢地爬过，小乌龟也慢慢地爬来爬去，周围依然有海风吹过，真舒服。

仰卧在地垫上伸展双腿，双手放在头部上方。

将手脚向四周伸展，假装自己是海星。

闭上双眼，感受平静。深呼吸，然后慢慢呼气。

接下来将双手放在肚子上，集中注意力在自己的呼吸上。用手去感受呼吸和腹部的起伏。

吸气,肚子鼓起。

呼气,肚子下沉。

重复3—5次。

好了,接下来,可以抖动一下四肢,抖一抖,抖一抖。

小结:刚刚我们学习的都是一些瑜伽的动作,可以帮助我们静下心来,专注地做事情,是提高注意力的好办法。

2. 静坐游戏

小鼹鼠在挖地道时,遇到了最后一个朋友:小青蛙,小青蛙也带来了一种帮助我们提高注意力的方法,叫做"静坐游戏",那么我们今天也玩一下这个"静坐游戏"。现在我们安静地坐下来,闭上眼睛,完全静止不动,把双手放在自己的膝盖上,双腿并拢,身体挺直,自己的头、脚、手都保持不动。静静地数自己呼吸,保持教室中两分钟的安静。在这两分钟内,静静地用自己的小耳朵倾听,看看你能听到什么声音。记住,不要说话,不要睁开眼睛,只是静静地坐着,倾听。如果你觉得自己走神了,再重新安静下来,静静地听。

小结:因为我们有太多的时间都在吵闹,没有安静下来仔细地倾听这些声音,如果你安静下来的话,你就可以听到很多美妙的声音。所以,我们要经常让自己安静下来,静静地倾听身边的声音,然后我们就能专注地去做其他事情。

三、练习活动

刚刚我们跟着小鼹鼠的朋友们学习了几种提高注意力的方法,我们要静下心来,让身体集中注意力,最后我们来玩一个"保持不动"的游戏。

游戏:保持不动

游戏规则:

(1)每位小朋友一本硬壳图画书或其他硬壳材料;

(2)每人坐着头顶一本外壳图画书,比比哪位小朋友保持时间最长;

(3)增加难度,变成走动并且保持图画书不掉落。

对话交流:

(1)为什么我能成功?

（2）我成功的秘诀是什么？（注意力集中时，只想到一件事情，眼到，耳到，心到）

活动小结

生活中，我们在与其他人相处，或者做事情时，都需要集中注意力，做到耳到、眼到、心到哦。

四、延伸活动

1. 区角活动

在区角活动中，幼儿可以练习活动中学过的动作，也可以请幼儿当"小老师"，教一教其他的小朋友。

2. 家园互动

幼儿在家可以尝试走直线训练。在地上拉一根长绳，用胶带粘住两头。为了让孩子的视觉注意力更有目标性，提高训练效果，可以在绳子的一端放一样实物作为孩子视线的着落点。（实物置放的位置要和孩子的视线同一水平）。孩子站在绳子的另一端，双手侧平举，抬头挺胸，目光直视前方开始行走。行走时必须脚尖对着脚跟，始终沿着直线前进。熟练以后，还可以双手拿碗、头顶书本，增加训练的难度和趣味性。

设计者　周浦欧风幼儿园　赵青

案例 7：迎新计划书（中班）

> 主要领域：社会/科学
>
> 社会——情绪学习：自我管理-时间管理

核心概念

时间管理：记录时间、分配时间、计划时间。

设计意图

儿童的自我管理能力，是指他们按照一定的教育目标，对自己的思想、行为进行转化控制的能力。因此,孩子能够尽早地学会自我管理,那么对他将来的发展是很有帮助的。而时间管理就是儿童自我管理的一个重要部分,它对孩子来说十分重要,培养孩子的时间管理能力,让他们做自己时间的主人。

活动目标

1. 能感知一天内的不同时段,理解并体会每个时段要做的事情和时间的关系。

2. 意识到合理安排一日生活就不会浪费时间。

3. 能结合自己的经验和兴趣需要,制定《迎新活动计划书》。

活动准备

1. 经验准备:已阅读图画书《过年啦》、熟悉迎新活动的主要内容。

2. 物质准备:空白计划书5份、迎新活动简笔画图(小4份,大1份)、胶水、PPT课件。

活动重点、难点

1. 活动重点:知道一日生活的不同时段,能够按时间段制定活动计划。

2. 活动难点:制定的计划内容更合理、时间有效分配。

活动过程

一、热身活动:30秒有多长(初步建立时间观念)

游戏规则:进行不同的活动,利用多媒体进行30秒倒计时,时间到所有幼儿停止手中的活动。

第一轮:静坐(感受时间在无事可做时让人感觉漫长)

第二轮:穿鞋子(感受时间的飞逝)

第三轮:夹豆豆(感受当好好利用时间时,也能做很多事)

二、学习活动

问1:前几天我们阅读了图画书《过年啦》,请你说一说一年里有哪些节日? 这些节日里我们要做哪些事?

问2:有那么多的节日,每个节日都要做一些特别的事。一天有24个小时,我们可以分成三个时段——上午、中午、下午,平时你在幼儿园每个时段会做些什么事呢?

小结：看来你们对每个时段的活动认识都比较具体，下个月就是新年了，我们幼儿园要开展迎新活动。之前我们已经讨论了迎新活动中你们想做的事情，今天我们来制作一份《迎新活动计划书》，请你们把想做的事情安排在一天中的不同时段。

三、练习活动

1. 讲述要求

（1）（出示空白计划书）这是我们《迎新活动计划书》的表格，你们看第一列上的图案代表一天的时段，你们知道代表什么意思吗？（代表着上午、中午、下午。上午太阳慢慢升起，中午升到最高点，下午又慢慢落下。）

（2）（出示活动简图）这是我们前几天画的迎新活动的内容：有抢椅子、投壶（把长长的剑扔到瓶子里，看谁投得准）、下棋、鲁班锁（一个动脑筋游戏，开动小脑筋把这个锁打开）、蹴鞠（古代的一种足球比赛，是一个运动游戏），还有自助餐、玩滑滑梯、午睡等，迎新的这一天你什么时候想玩什么游戏，请贴在对应的格子里。

（3）3个小朋友一组，共同完成一份计划书。

2. 幼儿练习，教师指导

（1）引导幼儿从活动事项中挑选出内容。

（2）引导幼儿将选出的活动内容，贴在对应的时段。

3. 集体梳理

问1：小朋友，你是怎么安排迎新活动的？

问2：你和他的有什么不一样？

问3：那么多活动中，你最期待哪个活动？说说你的理由。

活动小结

通过制定计划书，我们学习了为自己安排一日活动、记录时间，只要合理安排，就可以在有限的时间做很多不同的事情，时间就不会被浪费了。

今天我们做了那么多份计划书，我会带去和园长妈妈商量，投一投票，看哪些活动是小朋友最喜欢的，我们就安排在迎新活动中，期待一下！

四、延伸活动

1. 区角活动：幼儿园一日生活计划

在初步学习制定计划后，做简单的幼儿园一日生活计划表，让自己的计划表更合理。

2. 家园活动：家庭日计划

周五晚上和爸爸妈妈一起进行家庭日的计划安排，简单罗列一天的大概行程安排。以此巩固制作计划的方法，拓展运用于孩子的日常生活，提升孩子的时间管理意识。

设计者　上钢新村幼儿园　张立群

案例 8：遵守规则小行家（小班）

> 主要领域：社会/语言
>
> 社会——情绪学习：自我管理-行为管理

核心概念

行为管理：在提醒下，能遵守规则。

设计意图

幼儿行为管理是社会性能力发展的标志之一，幼儿需要逐渐适应和遵守一定的社会规则。小班幼儿需要能够在提醒下，听从大人的指令，遵守规则。去医院是孩子们都有过的经历，医生对于孩子来说是一个很可怕的角色，孩子面对医生时会有恐惧感和紧张感，往往不愿意与他们进行交流，也容易产生抗拒的心理。因此，通过《医生最喜欢谁》这本图画书建立前期对于医生的经验，并由此展开，引发幼儿的讨论，了解不管在什么地方，都要遵守规则，才能更加顺利。

活动目标

1. 在图画书的经验基础上，了解遵守规则的重要性。
2. 在教师的提醒下能遵守游戏规则，并体验遵守游戏规则的乐趣。

活动准备

1. 经验准备:已阅读图画书《医生喜欢谁》。

2. 材料准备:PPT、超市购物情境材料。

活动重、难点

1. 活动重点:了解遵守规则的重要性。

2. 活动难点:体验游戏乐趣,并愿意在游戏中遵守规则。

活动过程

一、热身活动:跟我做

我们来玩"请你跟我这样做"游戏。(请你跟我学小兔,跳呀跳;请你跟我学小鸭,摇呀摇……)观察我在做什么,和我做一样的事。

游戏小贴士

1. 引导幼儿集中注意力倾听规则内容。

2. 引导幼儿重复和遵守指令。

二、学习活动:生活中的规则

◇ 说一说"看病的经历"(由图画书故事《医生最喜欢谁》引发讨论)

1. 感受医生这个职业:医生的工作是怎样的?

2. 知道医生最喜欢给小朋友看病:小动物生病的时候,应该找谁看病呢?

3. 观看看病图片,说说遵守医院规则的重要性:如果你是医生,你最喜欢看到谁? 说说理由。

关键提问:看到图片里的朋友,你们觉得,医生会最喜欢给谁看病呢?

◇ 生活迁移,探讨交流

1. 观看幼儿园图片(洗手、喝水),说说遵守幼儿园规则的重要性:如果你是老师,你会给谁竖起大拇指呢? 说说理由。

2. 观看买东西图片(排队),说说买东西有什么规则:**你们知道买东西有什么规则吗?**

3. 观看乘坐公共交通图片,说说乘坐交通工具的规则:**你们知道乘坐交通工具有什么规则吗?**

三、练习活动：逛超市

1. 请幼儿一起来玩"逛超市"的游戏。

2. 说一说：逛超市有什么规则？逛超市的时候人太多要怎么做？逛超市的时候可以直接拿起酸奶来喝吗？买好东西后要做什么？购物车使用完后要怎么做？

活动小结

今天我们看到了在我们生活中很多的规则，有些规则也许会让我们有短暂的不舒服，有些规则或许会让我们有些紧张和害怕，但是我们仍然需要在大人的提醒下去配合这些规则，不遵守规则可能会给我们和更多的人带来很多的麻烦哦！

四、延伸活动

1. 区角活动：我是小医生

和小伙伴一起玩玩"小医生"的游戏，可以当当"医生"，也可以做做"病人"，并且分享自己的游戏体会。

2. 家园互动：重复指令

与孩子一起玩游戏，练习重复指令。可以这样说："我们来玩'跟着我重复'。我会让你从桌子上拿些东西。你要重复我说的话，然后再做。从桌子上拿两个叉子，放在厨房的柜台上。"

等待孩子重复并遵守指令。

当孩子重复并正确地遵守指令后，再轮到他/她给出指令。

温馨提示：家庭成员可以轮流给出、重复和遵守指令，直到桌子被清空！

设计者　周浦欧风幼儿园　谈玮吟

第四节　以图画书为载体促进社会意识发展的活动设计案例

　　社会意识是个体的观点采择能力、移情能力和尊重多元化、多样化的能力，可以理解为社会信息加工过程，包括理解他人情绪及观点，以及欣赏他人与自己的不同之处等能力。理解他人情绪的能力对儿童在理解他人的观点和行为、尊重文化多样性、维持积极的人际互动、合作等亲社会行为中发挥着重要作用。研究表明，儿童对他人情绪的理解能力发展对创设良好的教学心理环境有重要的意义。

　　以图画书为载体促进幼儿社会意识的活动案例，关注幼儿认识他人的感受和对他人的尊重。相关的教学重点有：（1）在冲突中，能注意他人的感受，并学习用"公平玩法"技能解决矛盾冲突，如使用一起玩、交换玩、轮流玩技能；（2）学习共情，会使用"共情的说和做"技能，用语言描述自己或他人的心情和感受。具体案例设计呈现如下。

案例 9：我们想得不一样（中班）

> 主要领域：社会/语言
>
> 社会—情绪学习：社会意识-理解他人感受

核心概念

　　理解他人感受：感受与体验他人的经历（同理心）。

设计意图

　　同理心一般指能够及时地体察别人的情绪和想法，并做出积极回应的品质。在实际生活中，有同理心的孩子更容易交到朋友，拥有良好的人际关系。可见，同理心能为孩子带来的远远不止"人气"那么简单，它是人生当中一项重要的能力。同理心是与生俱来的，而随着孩子年龄的增长、认知能力的提高，他们的情绪体验会逐渐丰富，同理心也不断增强。根据孩子身心发展的特点，适时、恰当的指导是培养同理心的关键。

　　图画书《小青蛙与小鲤鱼》中"小鲤鱼躺在荷叶上并不舒服，青蛙可以离开水，鲤鱼离不开"这一情节点就告诉我们的孩子，要学会换位思考、彼此帮助、合作进取。让同理心成为孩子的助力，成就他们温暖幸福的一生之旅,让他们更珍视别人、更爱惜自己,也为这个世界深深地所爱。

活动目标

　　1. 看看说说,理解同一件事情不同的人有不同感受。

　　2. 体会他人的情绪和想法,尝试理解他人感受。

活动准备

　　1. 经验准备:已阅读过《小青蛙与小鲤鱼》;中班幼儿能在游戏中体验和识别他人的情绪。

　　2. 材料准备:情境剧表演头饰、道具等;生活情境视频;情绪表情卡片。

活动重、难点

　　1. 活动重点:理解他人对待同一事情的不同感受。

　　2. 活动难点:体会他人的情绪和想法。

活动过程

一、热身活动:戏剧演绎

　　1. 介绍小演员:哥哥姐姐今天给我们带来了一个精彩的故事表演。(小演员戴上头饰、穿好服装进行演绎)

　　2. 主要情节:小青蛙遇到了一条小鲤鱼,他们比赛游泳,小鲤鱼总是更胜一筹。后来他们玩累了,小青蛙躺在荷叶上睡觉。小鲤鱼也学着小青蛙的样子,跳到荷叶上……

　　3. 贴一贴:都在荷叶上,谁开心,谁不开心呢?(幼儿将手中情绪表情卡贴在角色身上)

　　小贴士

　　通过故事表演互动的方式,理解同一件事情不同的人有不同感受。

二、学习活动:感受不同

　　1. 说说自己的感受:如果你是小青蛙,你想对小鲤鱼说什么?如果小青蛙不同意小鲤鱼回到水里,小鲤鱼会怎样?让孩子说出不同的感受。

　　2. 帮帮小鲤鱼:引导幼儿说出"小鲤鱼快点回水里去吧"等鼓励的话语。

　　结论:同样一件事情,每个人的感受不一样,就像躺在荷叶上睡觉,小青蛙觉得很舒服,可是小鲤鱼却觉得很难受。

三、练习活动:情境体验

让孩子在情境中再次感受情绪,并进行阐述,正确表达情绪。

◇ 观看视频片段

1. 外面雨下得好大。(快乐的、伤心的)

2. 给你一只蜥蜴作为礼物。(害怕的、惊讶的)

3. 今天妈妈烧了好大一条鱼。(生气的、伤心的)

4. 你要去滑一个非常大的滑梯。(害怕的、开心的)

◇ 贴一贴情绪表情卡片

请幼儿在每个情境下贴上代表自己感受的情绪表情卡片,并进行情绪表达。

活动小结

生活中还会遇到许多事情,这些事情发生时我们每个人的想法和感受都不一样,我们要学着理解别人的想法,这就是尊重。

四、延伸活动

1. 区角活动:幼儿在了解人们对同一件事有不同的感受后,在区角(情绪角/心情角)中提供更多情绪有关的图画书,让幼儿使用情绪表情卡片标记跟自己相似的情绪感受。

2. 家园互动:在家和爸爸妈妈、爷爷奶奶一起玩角色互换的游戏,感受爸爸妈妈或爷爷奶奶的辛苦。

设计者　未来之星幼儿园　王珏

案例 10:特别的爱(大班)

> 主要领域:社会/语言
>
> 社会——情绪学习:社会意识-尊重他人

核心概念

尊重他人:观点采择,去幼儿自我中心化,能站在他人角度看待问题。

设计意图

图画书《特别的设施》以引导体验的方式,让孩子们对残障人士增加理解和敬意,同时在孩子心中播撒善的种子,能学会尊重和关心身边的人。大班幼儿自我意识发展非常迅速,这常常让他们更多关注到自己的感受,忽略他人的想法,通过本次活动,意在引导幼儿去关注身边的他们,尊重和自己不一样的地方,接纳不同,发展幼儿的社会意识。

活动目标

1. 认识并了解特殊设施的作用,理解设施给残障人士带来的方便和贴心。

2. 感受关心他人的善意,并能在想法和行动上尊重残障人士。

活动准备

1. 经验准备:自主阅读过《特别的设施》,亲子调查"身边的残障人士设施有哪些"。

2. 材料准备:挂线铃铛、盲道贴、蒙面眼罩、PPT、视频、观点板、记号笔、笔擦。

活动重、难点

1. 活动重点:认识并了解特殊设施带来的便捷,初步体会残障人士的不易。

2. 活动难点:通过对特殊设施的认知,感受和表达为他人着想的善意和关爱。

活动过程

一、热身活动:铃铛小路

(一)游戏规则

第一轮:不碰响铃铛,十秒内所有人快速通过小路。

第二轮:眼罩蒙住眼睛,不碰响铃铛,十秒内快速通过小路。

(二)分享交流

——刚刚发生了什么?

小结:别看一个小小的眼罩,它却挡住了全部的世界,没了眼睛的帮助就像黑夜里没有了照明灯的帮助,找不到方向。

游戏小贴士

1. 引导幼儿认真倾听游戏规则。

2. 初步感受盲人生活中的不便。

二、学习活动:图画书故事《特别的设施》

图画书故事:小男孩发现身边有许多为残障人士特别建设的设施,例如为盲人准备的盲道、盲文、导盲犬以及伴有"嘟嘟"声的交通灯,为有听力障碍的残障人士准备的导听犬,为肢体残疾的人准备的低位设施,像低位电话、低位柜台等。

过渡语:在我们身边,有些人的眼睛像永远被蒙住了一样,看不见这个世界。

——看不见这个世界以后,盲人会遇到什么困难?

他们和我们一样,也想看有图片的书、也想看到五颜六色的菜肴,也想飞快地奔跑。但他们也和我们不一样,总有这样那样的困难。为了帮助他们找到方向,周围会有一些特殊的设施。

(一)盲道

1. 出示图片

——生活中见过这样的设施吗? 在哪里见过?

——这样的路有什么特别呢?

——这些条条和点点是怎么帮助盲人的?

小结:踩到条条继续走,踩到点点要小心,可能要准备转弯,或者已经到了马路的尽头了。这条特别的路,我们叫它盲道。

2. 体验盲道小路

师:有了它,你们觉得盲人能不能得到帮助呢? 蒙上眼睛再去走一走。

——有了盲道的帮助,解决了哪些盲人的困难?

小结:这条特别的路可以帮助盲人知道哪里走,哪里停,看不见的情况下,感觉很安全,不用在黑暗中感到害怕。

(二)其他特殊设施

1. 分享讨论

要求:生活中还有许多其他特别的设施,也可以帮助不同的人,我们和爸爸妈妈一起去找找吧。

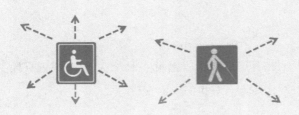

2. 分享讨论

——你们找到了哪些特别的设施？它可以解决哪些困难呢？怎么解决的？

腿脚不方便的人：

无障碍通道、低位的厕所设施和公用电话——平滑的路面可以让轮椅自由上下、坐在轮椅上的人可以够得到。

盲人：

有声音的红绿灯、指示牌上的盲文——用耳朵听就知道什么时候过马路、用手指摸盲文就能得到需要的帮助。

——如果没有这些设施的帮助，你会不会有些担心他们呢？

小结：你们真是善解人意的孩子，虽然你们没有这些困难，但却感受到了别人的困难，这是多么让人感到温暖的事情，这些特别的设施就是这个城市对残障人士特别的爱。

三、练习活动：情境体验

师：它们给需要的人带来了很多的帮助，但偶尔也会遇到一些麻烦。

（一）玩玩辨辨：○与×

A. 不合适的无障碍通道

B. 损坏的无障碍通道

C. 被占用的盲道

（二）看看说说：视频"盲道很忙"

——发生了什么？

——你想对叔叔说什么？他可以怎么做呢？

小结：盲道很有用，中国有 1700 多万的盲人，每一百个人里就有一个盲人，但是他们却不愿意出门，因为他们走的路总是被堵住。

（三）写写画画

——我们可以为残障人士做些什么呢？（写在观点板上）

播放"残障人士对我们说的话"视频。

活动小结

特别的设施可以帮助残障人士，给他们提供方便，但更重要的是我们每个人都愿意花一点时间，看到他们的困难，伸出手去帮助他们，这才是最最宝贵的。

四、延伸活动

1. 区角活动：设计关爱特殊人群的宣传画册。

2. 家园互动

（1）观察残障人士生活的不便，记录后亲子共同设计更多的特别设施。

（2）为需要帮助的人做一件力所能及的小事，并记录下来。

（3）走访周边的社区街道，将损坏的、被占用的或不合适的残障人士设施记录下来，告诉社区的工作人员。

设计者　未来之星幼儿园　秦琰洁

第五节　以图画书为载体促进人际交往能力的活动设计案例

人际交往能力是个体能够积极有效地与他人交流、形成与他人持久关系的能力。学前儿童的人际交往技能包括和别人玩耍时提出积极的建议、合作、倾听、交流、寻求帮助以及有效解决人际冲突等能力。人际交往技能使儿童在面临社会问题和人际冲突情境时，能通过谈判、协商等积极的方式解决问题，从而获取资源、满足自己的需要。因此，人际交往技能也是幼小衔接的主要内容，是影响儿童未来的学校适应性的重要因素。

以图画书为载体促进幼儿人际关系的活动案例，关注幼儿建立和维护友谊、学习沟通交流的技能技巧、感受爱与归属等方面。相关的教学重点有：（1）在交往中能敏感意识到他人的需求，并思考如何在言语和行为方面帮助他人；（2）学习在交流过程掌握"倾听五要素"，认真倾听他人，并结合口头语言和手势语言表达自己；（3）知道家庭成员间的关系，感受家人对自己的爱以及家人之间相互的关爱。具体案例设计呈现如下。

案例 11：合理说"不"（大班）

> 主要领域：社会/语言
>
> 社会——情绪学习：人际关系-建立和维护友谊

核心概念

建立和维护友谊：友谊的基本要素是选择社会目的，而非个人目的。如果大家都以一起玩得开心作为社会目的，就能加强彼此间的友谊。当面对不合理的建议、不公平的对待时，学会对用礼貌的方式拒绝，可以使双方更开心地相处。

设计意图

大班幼儿在与同伴相处时，已有一定的交往技能，但仍受到认知水平的限制，对于很多事情的严重性或危害性会产生错误评估，当被同伴要求做一些事情的时候,他们需要有自己的判断,并做出相应的拒绝回应。但有的幼儿不会拒绝别人,这可能会给他们的交往带来一定的挑战。不会判断,不会拒绝他人的幼儿,在长大后也可能会害怕拒绝别人而给自身带来巨大的心理压力。因此,幼儿学会说"不"的技巧至关重要。通过《狐狸与大熊》这一图画书,孩子们能站在大熊的角度,理解大熊受到狐狸不公平的建议时,感同身受大熊的委屈、甚至生气并渴望用合适的方法学会拒绝不合理的事情。通过活动帮助幼儿认识到合理说"不"在人际交往中的魅力,宣泄负面情绪,获得了积极、正向的情绪体验。

活动目标

1. 学会合理说"不",初步了解拒绝别人的可行办法。

2. 结合情境体验对同伴合理说"不",感受与朋友友好相处的快乐。

活动准备

1. 经验准备:已阅读过图画书《狐狸和大熊》,理解公平的含义。

2. 材料准备:故事图片、幼儿活动的照片。

活动重、难点

1. 活动重点:能在活动中大胆而有礼貌地表达拒绝。

2. 活动难点:能够结合情景识别问题,了解拒绝别人的可行办法。

活动过程

一、热身活动——换一换

师:今天大家都带来了一样自己喜欢的玩具,你愿意和我的交换吗? 如果不想交换可以怎么说?

小结:每个人都有不喜欢的东西、不愿意做的事,如果能把藏在心里的"不",及时、清楚地说出来,这样老师和朋友们也更加了解你哦。

游戏小贴士

"换一换"的游戏在于让幼儿通过游戏的方式,初步思考说出心里的感受,为接下来图画书活动的顺利开展奠定基础。

二、学习活动:图画书故事《狐狸和大熊》

（一）出示情境:大熊面对狐狸不合理的要求

师:孩子们,还记得《狐狸和大熊》的故事吗？一起来回忆一下他们合种土豆的情景吧！

重点提问:如果你是大熊,面对狐狸不合理的要求,你的感受如何？你会答应还是拒绝呢？说说理由。

小结:面对事情可以先想一想这件事合理吗,然后选择做还是不做。

重点提问:大熊不喜欢狐狸这样分土豆,还能说什么、做什么呢？

小结:拒绝别人不仅需要大胆说出"不",而且可以把自己不同意这样做的理由告诉对方,如果还能提出怎么做的好建议就更完美啦！

（二）说说自己遇到的不合理的事情

重点提问:孩子们,生活中你遇见过什么不合理的事情吗？举例说说。遇到不合理的事情你有什么感受？面对不合理的事情,你的选择是接受还是拒绝呢？

小结:生活中总会遇到一些不合理的事情,学会面对并用合适的方法解决很重要哦！

（三）总结梳理拒绝的要点和步骤

师:这里有几幅图片里藏着一些解决不合理的好方法,一起看看说说。（出示图片）

（1）先判断很重要,不合理才拒绝。

（2）拒绝时有礼貌,加个"请"字会更好。

（3）拒绝的理由要说明,方便理解能做到。

（4）找出替代好方式,一起游戏更开心。

三、练习活动:合理说"不"

分组练习,根据所给出的情境进行判断,按照拒绝的步骤和要点练习说出"不"。

情境1:朋友邀请你,和他一起在教室里踢球。

师:应该答应还是拒绝呢？请你们商量一下,发表自己的想法,并说说原因。

小结：首先判定：在教室里踢足球是不合适的，然后礼貌而坚定地说"不，我不同意在教室里玩足球"。并且，说出理由，如"容易损坏物品，还容易把人碰伤"，最后提出替代方法，如"我们到外面去踢足球吧。"

情境 2：对着朋友咳嗽。

师：这时候，你会怎么做呢？接受还是拒绝？

小结：首先判定：对着朋友咳嗽是不文明的做法。然后，礼貌而坚定地说"不，请你不要对着我咳嗽"。并且，说出理由，如"因为细菌会跑到我的身上"，最后提出替代建议，如"你可以在咳嗽时背对朋友或者用手臂遮挡"。

情境 3：朋友没经过你的同意，摸摸你的身体。

师：你会同意还是拒绝？

小结：首先判定：身体的有些部位是不可以让人看到或触摸的。然后，礼貌而坚定地说"不，请你不要摸我"。并且，说出理由，如"这样做会让我很不舒服，身体不能随便被人摸"，最后提出替代建议，如"你喜欢我可以对我说"。

活动小结

当你想拒绝别人时，我们可以先判断是否应该拒绝，如果这件事情不合理，可以礼貌而坚定地拒绝朋友，记得拒绝他时还可以说明理由，如果能提出替代方式就更好啦！"拒绝"不一定是件不好的事情，合理的拒绝会让自己更舒服，和朋友交往更融洽哦！

四、延伸活动

1. 区角活动：分享或记录区角游戏中所经历的关于拒绝别人或被别人拒绝事情，一起判断，积累经验。

2. 家园互动：和爸爸妈妈聊聊家里或身边发生的不公平情境，讨论事情是否合理，了解更多合理拒绝的好方法。

设计者　东昌幼儿园　李怡琳

案例12：我的小手会"说话"（大班）

> 主要领域：社会/语言
>
> 社会—情绪学习：人际交往-沟通交流

核心概念

表达：愿意向他人自然大方、准确且较完整地表达自己的想法。

多元沟通：知道信息有不同的传递方式，愿意用多元的方式表达自己的想法。

设计意图

语言沟通是我们在生活中较多运用和常见的一种沟通途径，但其实沟通方式有许多种，如图画、手语等。我们不仅可以通过语言表达的方式，获得他人的理解，还可以通过手势向他人传递信息，表达感情。多元沟通方式的结合能帮助幼儿更好地表达自己，促进幼儿建立良好的人际关系。

因此，通过《会说话的手》让幼儿关注到手的不同用途，在猜猜、想想和做做的过程中了解不同手势语言所蕴含的意思，了解人的双手不仅能干活，还能"说话"，能向他人传递信息，表达感情。让幼儿在体验非语言交往方式乐趣基础上，养成认真倾听的习惯，激发愿意尝试用更多方式去向他人交流自己的想法。

活动目标

1. 知道不同手势能表达不同意思，能尝试运用多种方式进行沟通。

2. 掌握手势礼仪，并能灵活运用表达自己的想法，感受多元沟通的愉悦。

活动准备

1. 经验准备：感知体验来园问候的不同互动方式；手语歌曲《让我说声谢谢你》。

2. 材料准备：课件、图画书图片、多元表达卡（表述、手语、动作等）、记号笔。

活动重、难点

1. 活动重点：了解手的不同用途，知道不同手势能表达不同意思。

2. 活动难点:体验人们的非语言交往方式,愿意用不同方式表达。

活动过程

一、热身活动:"不用手"大挑战

游戏规则:分组体验不用小手脱外套、搭积木、穿鞋子,并邀请幼儿说说过程感受。

游戏小贴士

1. 引导幼儿集中注意力倾听规则内容。

2. 增进幼儿体验手的多样变化和不同用途。

二、学习活动:图画书故事《会说话的手》

图画书故事:我有一双小手,它的用处可大了。如果没有它,想系上鞋带、穿好衣服可真困难。如果没有它,吃饭的时候容易变成小花猫。嘘! 告诉你一个秘密。小手除了帮我做事情,还可以帮我说话呢。生活中,手可以帮助我们传递很多信息。工作中,有些场合必须用手说话。让我们一起来看看这些特别的手势吧!

◇ 说一说"小手的作用"

1. 感受小手的用途多:我们的小手有什么用?

2. 识别手势语言:猜猜他在干什么,想要告诉我们什么呢? 猜猜这些手势是什么意思呢? 你是如何知道的?

3. 识别生活中的手势语言:你是否能做出一个手势语言,让伙伴马上猜出含义呢?

◇ 学一学"手势礼仪"

1. 自主阅读学习:哪些时候需要手势语言? 为什么要用手势语言沟通?

2. 交流探讨学习:手势语言能传达许多信息,那么你知道需要注意什么吗? 什么样的手势会让你不舒服?

三、练习活动:倾听与表达

1. 三人一组,每人选择一种表达方式,如用语言表述特征、动作表现、手势语言等，根据图片提示向伙伴传递信息。伙伴准确猜到信息则获得胜利。

◇ 猴子(动物)

◇ 苹果(水果)

◇ 床(生活用品)

◇ 妈妈(家人)

◇ 笔(工具)

2. 为什么你能传递给伙伴准确信息呢?(要想准确传递信息，倾听和表达两者都很重要。不同的表达方式都能告知对方想要的信息，只要表现清楚事物的明显特征就能辨识，此外，尤为重要的是对方需要仔细倾听和观察，才不会遗漏重要信息。)

活动小结

今天我们知道了手的用途非常大，生活中无法缺少它，也让我们了解了手势语言的不同含义，我们还要避免一些不文明的手势语言。除了语言，生活中还有很多不同的表达方式，多种表达方式结合可以帮助我们更好地传达信息。当然，要想传递信息又快又准确，双方都很重要，遵循"倾听五要素"，不遗漏重要信息·也要响亮且准确表达信息内容。

四、延伸活动

1. 区角活动:同伴共同练习图画书中的手势表达，比如"请安静""你真棒""谢谢"等，尝试用手部动作表达自己的想法进行交流。

2. 家园互动:默契大考验

两人一组，一人投掷表达骰子，根据骰子的提示要求，如用语言表述特征、动作表现、手势语言、图画描绘等方式向同组家人传递信息。对方准确猜到信息则得 1 分，未猜到则不加分，最后得分高的那组获胜。

设计者　徐泾第二幼儿园　陶佳忆

案例 13：我爱我家（小班）

> 主要领域：社会/语言
>
> 社会——情绪学习：人际关系-爱与归属

核心概念

爱与归属：爱家人，感受到家人的爱。

设计意图

小班阶段幼儿的知识经验不够丰富，但对周围世界充满浓厚的兴趣，探索世界是从他们最贴近的自身开始。他们通过自己周围的人际环境，特别是对自己具有重要意义的成人，如父母、老师等对待自己的态度、方式来认识自己的。图画书《我的家》画面简洁有趣，以"我的家"有哪些人为线索展开，隐藏的秘密，可预测的结果，重复的情节和句型，这些都是小班孩子喜欢反复玩味、不厌其烦的。为了让幼儿形成积极的自我体验，借助图画书《我的家》帮助幼儿通过回忆家庭中的生活情景和模仿爸爸妈妈话语，充分感受家人的爱与被爱，体验和家人在一起的欢乐时光，唤起美好的情感体验。

活动目标

1. 了解家庭的成员组成，知道爷爷奶奶爸爸妈妈等都是一家人。

2. 能够通过各种方式，尝试表达对家人的爱。

3. 感受家人的爱和家庭的温馨。

活动准备

1. 经验准备：知道自己一家都有谁。

2. 材料准备：PPT 课件及歌曲《我爱我的家》。

活动重、难点

1. 活动重点：知道爷爷、奶奶、爸爸、妈妈等都是一家人。

2. 活动难点：感受家人的爱和家庭的温馨。

活动过程

一、热身活动：猜一猜

1. 我们一起来玩一个"猜一猜"的游戏。

2. 游戏规则

第一，老师播放一些家里日常的（门铃、烧菜、水龙头流水等）声音,幼儿倾听。

第二,幼儿辨别是什么声音,并告诉老师。

用不同的声音重复以上步骤。

游戏小贴士

"猜一猜"的游戏在于让幼儿通过游戏的方式,集中注意力,为接下来图画书活动的顺利展开奠定基础。

二、学习活动:图画书故事《我的家》

图画书故事:这是谁? 这是我的爷爷。爷爷又在找眼镜了。这是谁? 这是我的爸爸。爸爸和我玩荡秋千。我爱我家里的每一个人。

◇ 说一说"家里有哪些人"

你们的家里都有些什么人?

◇ 巩固对家人的认识

分辨画面上的人物。**这是谁? 你从哪里看出来的?** 初步感受家人的爱与被爱。

多多笑眯眯的,张开双臂要跑去哪里啊?

小结:多多笑眯眯地张开双臂是要跑到爱他的家人那里,他要跑去拥抱她的爷爷、奶奶、爸爸、妈妈和小狗。家里的每一个人都很爱小宝,小宝也爱家里的每一个人。

三、练习活动:说有爱的话、做有帮助的事

1. 教师介绍游戏玩法

教师出示小男孩多多的图片:"多多会帮助我们练习说有爱的话,想出可以做的有帮助的事。"

2. 提问:我能和家里人说些什么有爱的话? 我能做什么有帮助的事?

示范:说出有爱的话,主动去做有帮助的事。如"我爱你!""您辛苦了!""我自己来整理玩具吧!"

3. 鼓励每个孩子都向多多说一些有爱的话,做一些有帮助的事重点观察:孩子们对和善而友好语气的使用。

鼓励语:你真的用了和善、友好的语气!真棒!

活动小结

　　今天我们学习了,爷爷、奶奶、爸爸、妈妈、宝宝都是一家人,我们要爱家里的每一个人,一家人要相亲相爱。我们要做一个有爱的人,帮助身边的家人和朋友。

四、延伸活动

　　1. 区角活动:儿歌表演《我爱我的家》,拍摄家庭照片,向他人介绍自己的家人。

　　2. 家园互动:帮助爸爸妈妈爷爷奶奶做家务,对他们说说好听的话。

设计者　东昌幼儿园　房徐佳

第六节　以图画书为载体促进负责任决定的活动设计案例

负责任的决定是个体能够在全面考虑社会规范、道德准则、不有损他人尊严并预测可能出现后果的前提下做出决策的能力,主要包括识别问题情境、澄清面对的问题,理解自己并考虑他人的感受,思考和预估不同解决问题的办法及结果。在学前教育阶段·负责任地决策强调儿童在遇到问题时,能够自己思考解决问题的办法,同时,儿童还要学习做决策时,应考虑和维护个体、班级、学校和社区的利益,并做出符合班级规则及伦理道德的决定。

以图画书为载体促进幼儿负责任决定的活动案例,关注幼儿能作出需求与选择的能力、解决问题的能力和承担后果的意识。相关的教学重点有:(1)学习识别需求、表达需求,从而根据需求想出不同的选择,并做出适宜的选择,做负责任的决定;(2)学习和运用"平静兔"玩法,能在问题情境中识别并表达问题,与同伴发生冲突时能积极、和平、有效解决问题;(3)具有"先思后行"的意识,能事前慎重思考自己的决定和行为,事后反思自己的决定与行为。具体案例设计呈现如下。

案例14:大家一起造房子(大班)

> 主要领域:社会/语言
>
> 社会——情绪学习:做负责任的决定-需求与选择

核心概念

识别需求:能识别自我和他人的需求。

表达需求:能大胆地向他人表达自己的需求。

设计意图

每个人都会有不同的需求。大班幼儿基本能了解和表达自我的需求,但较少关注到需求与选择间的关联性,在方法抉择方面较模糊。因此,以图画书故事《各种各样的房子》,让幼儿身临其境地了解房屋从远古时代到如今的发展演变,从中感受到房屋的发展和变化是随着人们需求的变化而变化,初步了解房屋特征与人们需求的关联性,从而拓展延伸认识到生活中的自我需求,并了解如何更好地根据需求做出适宜的选择。

活动目标

1. 联系生活实际,理解房子与我们需求的关联。

2. 从城市小主人的视角,尝试根据自己和他人的需求做出适宜的选择。

活动准备

1. 经验准备:已阅读图画书故事《各种各样的房子》;了解房屋的演变。

2. 材料准备:图画书课件;图画书图片(蒙古包、吊脚楼、窑洞及碉房);情境图片若干。

活动重、难点

1. 活动重点:了解房子的基本特征及发展演变,感受房子与生活需求的关联。

2. 活动难点:联系生活经验,尝试根据需求做出适宜的选择。

活动过程

一、热身活动:各种各样的房子

游戏规则:

1. 幼儿围坐一起,一起念儿歌:"造房子、造房子,大家一起造房子,×人造一座大房子!"(×为1—8以内的数字)

2. 引导幼儿注意每一座房子的人数和数字是否相同。

3. 关注幼儿在游戏中能否根据同伴的指令做出相应的动作调整。

游戏小贴士

1. 引导幼儿认真倾听,注意合作完成不同造型的房子。

2. 通过游戏引导孩子根据指令改变自己的动作或者人数来获得成功的体验感。

二、学习活动:《各种各样的房子》

(一) 不同的房子

——生活中你见过哪些房子? 有什么不同?

小结：在我们的身边，有着各种各样的房子，它们形态不同，大小不同，用的材料和它们的结构都不相同。

1. 分享交流：古代的房子

——你们知道古代的房子又是怎样的吗？

2. 连续观赏图片《房子的演变》，对比以前和现在的房子

——以前的房子是怎么样的？现在的房子是怎么样的？为什么房子会发生这些变化呢？

小结：因为人们需求不停的变化，房子也跟着有所变化。原始人只为了躲避风吹雨淋和野兽而住在在山洞和树上。

3. 情境表演

——假如你住在这样的房子里会发生什么？

＊出示吊脚楼：假如有一天起床，你发现你住在吊脚楼里，你会发生什么事呢？……

＊出示草屋：假如你发现你正住在草屋里，而下起了大雨，又会发生什么事呢？……

＊出示只有一间房间的屋子：你去好朋友家做客，发现只有一间房间，你要上厕所会发生什么事呢？……

小结：人们随着生活条件的变化，对于生活品质的需求以及出行方便都有了更多的需求，拥有私人空间也很重要，所以现在的房子多间分隔。

（二）不同的需求

1. 讨论：不同地方的人们对房屋的需求更不同，你们觉得该如何分呢？

分组将蒙古包、吊脚楼、窑洞、碉房图片与操作版上相应提示的地区图片进行快速匹配。

2. 自主阅读：这些房子有什么特别之处，分别在哪里？

小结：不同地方生活所需不同，因此房子建造的特点也有所不同。蒙古包在游牧生活的内蒙，吊脚楼在多雨及树木茂盛的雨林，窑洞则在又干又硬的黄土高坡，而碉房则在寒冷风大的青藏高原。

三、练习活动：城市规划师

现在我有一个城市规划的大项目，想请你们来帮我规划一下，

你们觉得房子造在哪里更合适？需要造什么样的房子？说出你的理由。

　　小结：当你考虑一个问题时，也许多看看，多想想，听听别人的意见，做出的选择会变得更加合适哦！

四、延伸活动

　　1. 区角活动：利用教具，让幼儿根据不同地区和房屋、不同情境需求和解决方法进行路线设计和配对，深化理解需求和选择。

　　2. 家园互动：家长图画表征"儿时房屋"，与孩子说说小时候的房子；幼儿图画表征"未来房屋"，说说自己的畅想，让幼儿深刻感受房子与生活的变化关联性。

设计者　明日之星幼儿园　唐海蓉

案例 15：愿望商店（中班）

> 主要领域：社会/语言
>
> 社会——情绪学习：做负责任的决定-解决问题

核心概念

　　解决问题：理解愿望与结果。

设计意图

　　解决问题是一个复杂的认知过程，善于解决问题的人通常与同伴相处得更好，冲突和攻击性行为也更少一些，而理解自己或他人的愿望是解决问题的第一步。知道愿望，才能够尝试审视自己的具体情况，在借着想办法，就能做到达成愿望。

　　图画书《狐狸的商店》说了狐狸开了一家特别的商店，就是帮助顾客解决烦恼、实现愿望，通过有趣的画面、生动的情节，向孩子展示了达成目标的过程。

　　所以，我们设计了这个活动，通过集体阅读理解狐狸帮助别人实现愿望的方法。并通过实际操作环节，让孩子知道要达成目标，得了解自己、想出方法、做出努力，才能成功。

活动目标

1. 知道要达成愿望,得了解自己、想出方法、做出努力,才能成功。

2. 能够区分他人愿望,并提出多种达成愿望的办法。

3. 体会帮助他人实现愿望的快乐。

活动准备

1. 经验准备:已阅读图画书《狐狸的商店》。

2. 材料准备:PPT、操作图片。

活动重、难点

1. 活动重点:知道要达成愿望,得了解自己、想出方法、做出努力,才能成功。

2. 活动难点:能够结合自身经验,帮助他人想出成功办法。

活动过程

一、热身活动:参观动物园

游戏规则:

教师:动物园到啦。

幼儿 A:“出来啦,出来啦”。

教师:“什么动物出来啦?”

幼儿 A:“××出来啦!”

其他孩子与教师共同做出该动物的代表性动作或声音。

交换幼儿,轮流“参观动物园”。

游戏小贴士

1. 鼓励幼儿说出自己想“参观”什么动物的愿望,引导幼儿尽量不要重复。

2. 体会大家一起帮助自己实现“参观愿望”的快乐。

二、学习活动:《愿望商店》

(一)回忆故事内容

狐狸开了一家特别的商店,不卖东西,专门为大家解决问题,它为不同愿望的客人想出解决问题的办法,最终都让客人实现愿望。

1. 提问:狐狸开了家什么商店? 鹅小姐怎么了? 发生了什么事? 鹅小姐的愿望是什么?

2. 解决问题的步骤:提问:狐狸是怎么做的?

小结:先让鹅小姐说出自己的愿望,再帮助她找出解决问题的办法。

提问:狐狸帮鹅小姐想了哪些减肥的办法? 最后结果怎么样?

小结:白鹅小姐想减肥,于是狐狸先生帮她一起想了各种办法,终于实现了愿望。减肥之后,她不但能走过大门,更能穿上各种漂亮的衣服。实现愿望的感觉实在是太棒了。

(二)思维导图,经验梳理

导入:这回,谁来了,看看,他的愿望是什么?

(展示图画书第 13 页:熊大哥与奖杯)

梳理:熊大哥的愿望是想成为拳击冠军,想到的办法是每天练习打沙袋,最后通过努力熊大哥获得了冠军。

小结:要实现愿望,我们得了解自己、想出方法、做出努力,才能成功。

三、练习活动

◆ 出示三张图片(分组讨论)

1. 图片中的孩子们怎么了?

2. 说说,他们遇到了什么问题,做出了什么努力,最后得到了成果。

活动小结

　　今天这堂课我们学习了遇到问题时,可以通过一些步骤解决问题。当我们遇到问题时,首先应该先说出自己的愿望,再找出解决问题的办法。要实现愿望,我们得了解自己、想出方法、做出努力,才能成功。

四、延伸活动

　　1. 区角活动:记录自己的愿望,并设想实现愿望的方法。坚持记录实现愿望的过程,与教师或小伙伴分享愿望是否实现,哪些方法有用,哪些方法需要改进。

　　2. 家园互动:在家和爸爸妈妈一起玩"心愿树"游戏,看看为了达成愿望可以有些什么努力,付出努力之后会不会有意外之喜?

设计者　明日之星幼儿园　唐佳燕

案例16:我想对你说(小班)

> 主要领域:社会/语言
>
> 社会——情绪学习:做负责任的决定-承担后果

核心概念

　　承担后果:认识到自己选择或做出的行为的后果,为自己的选择、决定和行为负责。

设计意图

　　让孩子承担事情的后果是对孩子一种别样的教育,孩子可以从自己行为所带来的后果中学到很多有关行为的原则。

　　《没有牙齿的大老虎》图画书讲述了小狐狸给大老虎送糖果,最后大老虎因为多吃糖不刷牙,拔光了所有牙齿的故事。借助这本图画书让幼儿感受到大老虎做的事情会产生不良后果,需要为自己的行为负责。因此,我们设计了这个活动,通过游戏、故事及场景等方式让幼儿初步体会到自己做的事需自己负责,乐意表述在不同场景里的行为所带来的后果,知道什么行为是合适的。

活动目标

1. 认识到日常生活中常见行为带来的后果。

2. 初步体会做事要有责任心,自己的事情愿意自己承担。

活动准备

1. 经验准备:已阅读图画书《没有牙齿的大老虎》。

2. 材料准备:PPT、场景图片。

活动重、难点

1. 活动重点:初步体会做事要有责任心。

2. 活动难点:乐意表述在不同场景里的行为所带来的后果,并知道要为此负责。

活动过程

一、热身活动:"拷贝不走样"

游戏规则:

1. 老师为第一个孩子表演一个动作,第二个孩子表演给第三个看,依次下传。

2. 最后一个幼儿与老师对照动作,如果正确则游戏成功。

游戏小贴士

1. 游戏开始幼儿排纵队,被手拍到才能回头。

2. 引导幼儿聊聊成功(失败)的原因。

二、学习活动:《我想对你说》

(一)谈话导入:回顾图画书《没有牙齿的大老虎》

——最近我们一起看了图画书《没有牙齿的大老虎》,谁还记得在大老虎身上发生的事情呀?

——为什么会这样呢?(根据幼儿回忆出示图画书画面)

——你们想对大老虎说什么呀?

小结与过渡:看来你们都知道了,大老虎爱吃糖,不注意刷牙,最后拔光了所有的牙齿,结果再也不是森林里最厉害的动物了。

如果大老虎能早点听你们的建议,就不会有这样的结果了。那你们愿意帮其他的小动物嘛?

（二）游戏:我想对你说

——瞧,森林里还有只小狗,他怎么了? 他为什么戴眼镜?（出示"离得很近看电视"图片）

——你想对他说什么?

小结:看来,你们都知道看电视离得很近、看得太久会造成近视眼这样的后果,我们也要注意哦。

三、练习活动:分散操作

——看看其他小动物们又怎么了?

操作规则:

（1）看看四周黑板上的图片;

（2）找找图片上他们哪里做的好,哪里做的不好;这些行为会对自己或他人带来什么样的后果;

（3）音乐停止,回到座位。

——你看了哪张图? 你想对小动物说什么?

活动小结

你们对小动物们说了很多,知道做错事了要说"对不起"。通过他们的事情我们知道了有时候自己做的一些事情会产生一些后果,我们需要为自己的行为负责。

四、延伸活动

1. 区角活动：自然角准备一些常用小物品，鼓励幼儿承担照顾小植物、小动物的责任。

2. 家园互动：结合家庭生活中的行为及其后果。与孩子一起玩个配对游戏，什么行为会带来什么样的后果。让幼儿体会自己做的事自己负责，承担行为的后果。

设计者　明日之星幼儿园　柏宇欣

附件：　表1　社会情绪学习核心能力相关的图画书与活动样例

社会—情绪学习5大核心能力	子维度	活动案例	学段	推荐图画书
自我意识	认知自我情绪	各种各样的表情	小班	《我的情绪图画书——我很高兴》〔英〕珍妮·格林 河北教育出版社 出版年：2012
	自我觉察	神奇大脑	大班	《哈里的大脚》文·图/〔英〕凯瑟琳·瑞娜 出版社：江苏少年儿童出版社 出版年：2011
	自尊与自信	独一无二的我	中班	《我喜欢我自己》〔美〕南希·卡尔森文/图 出版社：河北教育出版社 出版年：2011
	自我效能	我会自己做	小班	《幼儿园里我最棒》〔加〕詹妮弗·劳埃德/著 〔加〕秦冷/绘 出版社：北京科学技术出版社 出版年：2016

社会—情绪学习5大核心能力	子维度	活动案例	学段	推荐图画书
自我管理	情绪管理	情绪棒棒糖	小班	《生气的亚瑟》 [英]文·奥拉姆/绘； [日]北村悟/译 出版社:河北教育出版社 出版年:2009
	认知管理	专注小能手	大班	《我要更专心》 [美]凯瑟琳·纳多/埃伦·迪克森丨译者 出版社:化学工业出版社 出版年:2010
	时间管理	迎新计划书	中班	《时间真好玩》 乐凡著/段张取艺绘 出版社:电子工业出版社 出品方:小猛犸童书
	行为管理	遵守规则小行家	小班	《图书馆狮子》 [美]米歇尔·努森/著 [美]凯文·霍克斯/绘 出版社:河北少年儿童出版社 出版年:2011 年
社会意识	认识他人的感受	我们想得不一样	中班	《我本来就很喜欢你》 [美]乔里·约翰文； [英]班吉·戴维斯/图 出版社:启发童书馆丨北京联合出版公司 出版年:2019
	尊重他人	特别的爱	大班	《已经说过晚安了》 [美]乔里·约翰/文 [美]班吉·戴维斯/图 出版社:北京联合出版公司 出版年:2017
人际关系	建立和维护友谊	合理说"不"	大班	《你是我最好的朋友》 [法]拉谢尔·比瑟伊/文 [法]克里斯坦·吉博/图 出版社:外语教学与研究出版社 出版年:2008
	沟通交流	我的小手会说话	大班	《吉妮，做一只好青蛙》 [意]维尔玛·科斯特蒂/编著 [意]莫妮卡·里纳迪尼/绘 出版社:华夏出版社 出版年:2022

社会—情绪学习5大核心能力	子维度	活动案例	学段	推荐图画书
做负责任的决定	爱与归属	我爱我家	小班	《谢谢你们依然爱我》 〔西〕珍妮弗·摩尔-迈丽斯/著， 〔西〕玛塔·法大雷加/绘 颜铄清/译 出版社：湖北少年儿童出版社 出版年：2013
	需求与选择	大家一起造房子	大班	《负责任的勇气》 〔意〕多梅尼科·巴里拉/著 〔意〕埃玛努艾拉·布萨拉蒂/绘 出版社：河北美术出版社 出版年：2019
	解决问题	愿望商店	中班	《了不起的愿望》 作者：歪歪兔关键期早教项目组 出版社：海豚出版社 出版时间：2012
	承担后果	我想对你说	小班	《别忘了叫我起床》 〔西〕帕托·梅纳/著 梁墨涵/译 出版社：江苏凤凰美术出版社 出版年：2017

第四章／

基于教育戏剧的学前儿童社会—
情绪学习活动设计及案例分析

2015 年 9 月，国务院发布《关于全面加强和改进学校美育工作的意见》，明确将戏剧列为学校美育课程的一个门类，将教育戏剧推到了当前课程与教学改革热点的位置。近年来，以戏剧元素为特色的活动在幼儿园中也得到广泛运用，比如手指戏剧、木偶戏 图画书表演等，都深受幼儿的喜爱。

与戏剧不同，教育戏剧是运用戏剧与剧场的技巧从事学校课堂的教学方法，在指导者有计划与架构的教学策略引导下，以演出、角色扮演、观察、模仿、对话、游戏等方式进行，让参与者在彼此互动中充分发挥想象，表达思想和感受，在实践中学习，使学习者获得美感经验，增进智能与社交技能等。

第一节 基于教育戏剧的学前儿童社会—情绪学习活动设计

一、教育戏剧

（一）戏剧

戏剧一词，在汉语中有广义和狭义之分。广义上，凡由演员扮演人物当着观众的面表演故事的艺术都可以称之为"戏剧艺术"，如中国的戏曲、日本的歌舞伎、印度的梵剧、朝鲜的唱剧等，还有歌剧、舞剧、木偶剧……狭义上，戏剧是指从古希腊悲剧和喜剧开始的，在欧洲各国发展起来，并在世界广泛流传至今的舞台演出形式。戏剧在英语中的名字叫"drama"，20世纪初，戏剧从日本传入中国，1928年中国第一位留学美国归来的导演艺术家洪深先生提出了这一概念。他因为这种戏剧以"说话"为主要表现手段而将其定名为"话剧"，以区别中国原有的"戏曲"，也是中国独有的名称。

（二）教育戏剧

教育戏剧来自"做中学"的概念，运用戏剧与剧场的技巧作为教学手段和方法，介入到不同的学科教学与社群活动设计中去，达到学科或活动的教学目的（徐俊，2011）。让学习者在实验性的活动中进行学习，透过戏剧去拓展情境，表达自己的想法，并从中获得其认知的价值判断，在教学上必须按照学习者的年龄及心智发展的特征，重视教学过程，采取逐步渐进的方式进行，教育戏剧也可称作为戏剧教学法。

（三）教育戏剧的发展与现状

在欧美国家，教育戏剧（戏剧教学法）是一种非常重要的培养学生全面素质和能力的教学方法，其将戏剧方法与戏剧元素应用在教学或社会文化活动中，让学习对象在戏剧实践中达到学习目标和目的，重点在于学习者参与，从感受中领略知识的意蕴，从相互交流中发现可能性、创造新意义。

首先将戏剧作为教化的媒介或工具，并应用于学校教学的理论与推动者，是十八世纪的法国浪漫主义文学大师卢梭（Jean Jacques Rousseau，1712—1778）。他在《爱密尔》（*Emile*，1762）一文中提及"实作中学习"（learning by doing）与"戏剧性实作的学习"（learning by dramatic doing）两个概念，将成人与儿童的戏剧教育做了明显的区隔，因而开启了学校戏剧教育之门。

然而第一本完整的戏剧教学法的著述，是 1911 年英国小学教师，芬蕾-强生（Harriet Finlay-Johnson）所著的《戏剧教学法》（*Dramatic Method of Teaching*）。1917 年，库克（Henry Caldwell Cook）在《游戏方法》（*The Play Way*）一书中强调了戏剧性实作为主的学习理论。芬蕾-强生及库克的理论，以及当时心理学家对教育戏剧的肯定，影响了教育政策的发展，使英国戏剧在教学上的应用与实践进入了英国教育政策的法定程序。1931 年英国教育公报公布戏剧教育有提高参与者"自我意识"（self-consciousness）及"感知成长"（the development of perception and feeling）的作用。从此，戏剧教学成为学校的课程，其性质则类似治疗过程，以促进儿童审美与人格成长的需要，同时也因戏剧教学进入课堂，使英国儿童在英语学习上进步更具成效。20 世纪 60 年代，教育戏剧在英国已成为一种普遍性的教学，多数的英国学生都经历过戏剧教学，同时，由于师资培育学院的设立，各级中小学也能获得受过专业训练的戏剧教师。更由于政府教育部门与学术界的合作，教育戏剧的原理、方法、施行方式等得到了研究，充实了教育的内涵。

在美国，教育戏剧的领域则深受杜威教育思想的影响，重视创造力。戏剧教学的开拓者，是一位名为温妮佛列德·瓦德（Winifired Ward）的小学教师，她出版的《创作性戏剧》（*Creative dramatics*，1930）得到各地中小学教师广泛的认可和使用，成为全美国戏剧教学的基础教材，也使创作性戏剧在美国产生了很大的影响，许多大学学院都纷纷将其列入课程与儿童教育的研究计划中。到 1955 年，美国已有 92 所学校提供创作性戏剧的课程。1965 年通过的"中小学教育法案"（The Elementary and Secondary Education Act），联邦政府教育部不断资助儿童艺术教育革新计划研究与教学。从此美国学校的戏剧教学已得到大众的普遍认可与政府的资助。

现代教育戏剧影响深远的实践者应属桃勒丝·希斯考特（Dorothy Heathcote）。她的教学方法与理想，在 BBC 电视台播出《三台织布机等着》（Three looms waiting，1970）的教学影集，以及许多期刊、广播与专书的论述，对后来的戏剧教学产生了很大的影响。此后勃顿（Gavin Bolton）于 1979 年出版了《迈向一种教育戏剧的理论》（Toward a Theory of Drama in Education）配合了希斯考特的教学，建立了教育戏剧的权威性教学理论。

到了 20 世纪 80 年代，英、加、澳等国家的许多公立学校，已将戏剧纳入课程内的学习，与音乐、美术课之安排相同。但对于大多数学校而言，教育戏剧仍结合在语言艺术（language）的课程之内，由任课教师灵活地运用戏剧技巧进行教学。

自 20 世纪 90 年代起，各国政府开始纷纷通过戏剧学习在内的相关艺术教育法案，包括 1992 年英国的教育法案（The Education Bill）；美国"目标二〇〇〇：美国教育法案";其中学校发展标准(School Delivery Standards)订定了"艺术学习机会标准"(The Opportunity-to-Learn Standards for Arts Education)及"艺术教育国家标准"(National Standards for Arts Education)。以色列在1985年将戏剧表演艺术教育列入学校的教育体系之内。中国台湾于2000年,将戏剧教学纳入基础教育"九年一贯课程暂行纲要"、"艺术与人文"领域中表演艺术与统整教学之中,并在高等教育开设相关教育戏剧专业师培课程。我国国内则于2001年公布《义务教育艺术教育课程标准》,将戏剧置于艺术教育课程之内;2008年戏剧列入高中阶段"艺术生活"中的"表演艺术"必修科目;2010年被列入学前教育幼儿园的艺术教育中。

鉴于教育戏剧在一般学制内的实施已是世界教育的新趋势。我国近年在戏剧教育家的努力下,致力推展教育戏剧的研究与普及化的戏剧教学。随着国务院对美育教学的推广政策开展,目前已有许多中小学纳入了戏剧课程。

二、教育戏剧与社会—情绪学习

(一) 理论基础

1. 戏剧理论

戏剧是一门综合性艺术,戏剧中所有的设计与发展皆以"人"为核心,其目标是关注"人"的成长,而所需掌握的要素就是与"人"有关的学习。戈夫曼(E. Goffman)提出的戏剧理论认为社会是一个大舞台,社会成员是在这个舞台上扮演不同角色的演员,他们都在社会互动中表演自己,塑造自己的形象并更好地表达自己(欧文·戈夫曼,2008)。

在教育戏剧活动的设计和实践过程中,结合戏剧理论和戏剧的特性作为教学媒介,给幼儿创造表演的舞台和机会,让他们尝试扮演角色,根据故事内容的发展和特定情景去理解和表达人物的感受,促进幼儿的社会—情绪学习和认知发展,实现社会—情绪学习核心概念技巧的学习。

2. 具身认知理论

具身认知(Embodied Cognition),也称为"涉身认知",其核心概念强调身体在认知过程中扮演了关键作用,人的认知凭借身体的动作、感知及体验等具身结构与认知图式的内在关联而形成,认知是与人的身体结构、动作及感觉体验系统紧密交织在一起的(王礼申,谢丽芳,2021)。心理学领域认为可从三个角度来解读具身认知,"一是身体的状态直接影响着认知过程的进行;二是大脑与身体的特殊感觉—运动通道在认知的形成中扮演着至关重要的角色;三是不仅把身体,而且把环境的方方面面包含在认知加工中。"(严孟帅,乔治·贝利尔,2021)大量的科学实验研究也表明,身体与环境互动的经验是儿童习得抽象概念和高级心理活动的基础。

在教育戏剧活动设计和实践活动中，让幼儿通过动作与其他参与的同伴一起发现自我，解决所遭遇到的问题，并将幼儿的身体作为重要的"工具"，凭借身体感官激发对社会—情绪学习核心概念的理解。运用教育戏剧以过程为取向并以身体为起点的特点，把身体嵌入戏剧（图画书故事）情境，通过肢体动作、语言及声音等身体叙事（Bodily Narratives）的方式呈现自身，这也是主题课程中情境设定、戏剧活动以及技巧练习的教学目的（严孟帅，乔治·贝利尔，2021）。

3. 社会文化理论

维果斯基的社会文化理论认为社会交互作用，尤其是与更有知识的社会成员的对话，是儿童学习符合所在社会文化的思维和行为的必要途径。该理论关注文化价值观、信念、习俗和社会群体技能是怎样传递给下一代的。维果斯基认为，成人和更老练的同伴能帮助儿童娴熟地从事具有文化意义的活动，所以他们之间的交流就成为儿童思维的一部分。一旦儿童把这些对话的本质特征加以内化，他们就能应用那些人的语言来指导自己的思想、行为，并学习新技能。其中"最近发展区"的概念表明一个学习者能独立达到的水平与在一个技能更为娴熟的参与者的指导和鼓励下能达到的水平之间是有差距的，因此为学习者提供合适的支架是促进学习者认知发展的重要手段之一。

在主题课程和展演联排的设计中，将故事的虚拟情境在课程中呈现，将戏剧表演筹备和演出的真实环境带入到幼儿园的一日生活里，给幼儿提供了丰富多彩又新鲜有趣的场景，同时教师作为指导者在场景和情境中给幼儿提供支架，促进幼儿认知发展和社会—情绪能力核心概念技巧的学习。

（二）实践方法

《教育戏剧理论与发展》和《教育戏剧跨领域教学：课程设计与教学实务》中提到，教育戏剧的课程教学是以戏剧的结构来进行的。所谓"戏剧的结构"是指依"动作中的人'所安排的过程，将"人"的行动表现，从开始、中间到结束，做适合于因果关系或逻辑安排的形式。教师要将课程的开始，转化为戏剧"序幕"，使教学的"前置内容"引发出学生对议题的关切与参与的兴趣。在教学过程中，则要把戏剧各"幕""场"或"情节段"中的重要"内容"选取出来，成为可供学生乐于参与探索的"阶段"（session），来作为学生演练的活动。最后，也要能将"收场"转为深入理解与满足认知的回馈、分享与复习。

教育戏剧发展的架构与过程主轴推展的型式，被称之为"教学模组"，这些模组经过戏剧教育家们逐步的发展与应用，已有许多不同的运用型式，如以解决问题来进行认知的"戏剧理解模组"、以设置想象情境进行学习的"角色戏剧模组"、以扮演事件来发展历程的"程序戏剧模组"、以信以为真的人物来参与活动的"专家的外衣模组"、以推论探究真相的"百宝箱模组"与以故事内容探索意义的"故事戏剧模组"

等。这些教育戏剧的模组,使得教学课程在议题的探讨与活动的进行程序中更具有特色。

教学过程中,教师通常会在教学模组中,运用戏剧与剧场技巧的学习方式,灵活地融入于教学模组内,循序渐进地就某一课程内容议题,进行互动发展的学习。教学习式的安排,是按戏剧情节发展的四大部分所建构的,即在说明中进行建立情境的活动、在动作上升中设置叙事性活动、在高潮中推展诗化活动,在结束中做反思活动。学习者在这四个阶段,以不同的戏剧习式来融入角色人物、事件发展始末,理解人物心理以及对学习内容深入的认知,直到事件或情节的结束,完成教学为止。

教育戏剧的课堂不仅是学习戏剧与其相关的艺术的一种途径,更是作为教学的媒介或工具,用以学习其他学科或重大议题的内涵与知识。在课程教学中,教师指导鼓励学生参与活动,从事件发展开始引导学生的兴趣与注意力;在情节发展中逐步向戏剧冲突挑战,探索情绪、认知事实;在关键点了解问题,寻求解决之道;直至完全解决问题并获得认同为止,这就算完成了一个结构完整的教育戏剧教学过程。

三、教育戏剧活动方案的设计流程

(一) 教师培训(知识储备)

教师是教育戏剧结构中的核心人物,不但要维持学生关注学习内容的焦点,更要能维持"主题"的趣味性,融入适当的情绪与思考,努力投入情境,并给予学生发挥与释放其经验的渠道。教育戏剧的实施与教师的引导、专业知识、能力等有密切的关系,它往往需要有完整的课程计划,结合学习者学习的主题内容、特定情况、戏剧结构与学习表现方式才能充分地运用。能够运用教育戏剧专业知识的教师,能很快地建立起师生间互信的戏剧教学气氛,使每个学习者和参与者充满信心,乐于参与活动,勤于研习并乐于表现。

为此,在开始进行幼儿戏剧教育活动方案之前,首先需要教师具备一定的戏剧知识和素养,了解基本的戏剧结构、戏剧过程、戏剧技巧以及如何指导幼儿完成戏剧的步骤等。本节内容以《玩金球的小公主》为例,通过戏剧体验、排演准备和正式排练,初步介绍教师在实施活动方案之前可以了解的部分戏剧内容,以便让教师顺利开展之后的活动。

1. 戏剧体验

(1)声音训练(尝试寻找发声的位置,用丹田发声)

"嘿哈"练习:双脚与肩同宽,双手自然下垂,慢慢弯腰,发出有节奏感的"嘿嘿嘿、哈哈哈"的声音。注意需要使声音有力量,放出力气发声。

(2)台词训练(读台词的时候注意字正腔圆,注意不要吞字)

根据剧本《玩金球的小公主》做台词指导,在说台词前需要找出角色特征。

国王——声音低沉、语气中透露出慈父感,找到温度。

王后——声音温和有节奏感,富有女性色彩,联想讲睡前故事的语气。

公主——声音需要通过"嗯"的发声位置找到公主的天真感。

青蛙——声音需要模仿出青蛙"呱呱"的语气。

螃蟹——声音需要比较有螃蟹特质需要教师设想。

小鸟——声音需要联想小鸟叽叽喳喳的歌唱感。

云朵——声音需要柔软且快乐,具有温和感和包容感。

(3)舞台调度

演员在舞台上的行动路线,注意不背台,不挡人,也不要被人挡。在舞台上需要把整体调度拉开,并且多样化,调度单一会使观众觉得无趣,演员也会不舒服,导致动作减少。可以依靠调度加深角色的演绎。

幼儿在排练时应该使调度简单合理,最好设计成幼儿能理解的路线,例如"三角形""圆形""直线"等。

2. 如何进行排演准备

(1)表演准备

幼儿表演题材多为童话剧、图画书剧,角色许多都是动物,在表演前可以给幼儿观看相关的视频资料,了解动物的具体特征,方便幼儿进行表演模仿。

(2)整体构思

开始正式排练前,担任导演的教师需要有自己的整体构想和画面设计,包括每一幕的呈现方式,演员的舞台调度、相关的音乐音效等。

(3)选择演员

建议贴近幼儿性格安排角色,根据剧本角色数量将幼儿分两至三组,尽可能做好合理安排让每组的幼儿都有表演的机会。

(4)舞台背景

根据剧本的场景做好分类整理,利用手工制作、电商购物、多媒体等多种手段搭建舞台,增强形式感,为幼儿表演提供条件。

3. 正式排练

(1)排练时应该注意每个人物的出场和上场路线,不拥挤不单一,在舞台上需要找到适合场景的动作,丰富表演。

(2)演员和演员之间注意交流,彼此要接住"戏",将注意力放在同场的每一位演员身上。

(3)表演时,需要注意演员的肢体动作是否放开,不要僵硬地站在舞台上。

(4)指导幼儿角色台词时,注意台词难度是否适合幼儿,不合适的地方根据幼儿的语言习惯和语言能力做调整更改,并做好记录。

（5）需要不断提醒加深幼儿"说台词要大声生动"的印象。

（6）如果剧本中有一些台词在实际表演中让演员不舒服,教师应当注意演员需求,合理修改台词。

（7）结尾需要打住点,也就是收尾需要干净漂亮,《玩金球的小公主》采用了首尾呼应的方式,使剧情有趣合理。教师在遇到其他剧本时也需要注意不要潦草收尾。

（二）活动方案实施

基于教育戏剧的学前儿童社会—情绪学习活动有别于传统的中小学教育戏剧模式和实践方法,中小学的教育戏剧大多是以单学科（如语文课、英语课）或跨学科（如历史课+美术课）的教学任务要求为目标,而此课程是以教育戏剧特色活动为载体,融入社会—情绪学习内容,旨在培养幼儿戏剧素养,提高幼儿社会—情绪能力。本活动方案由两大部分组成,共12节课,主题课程（8节课）和展演联排（4节课）。整个活动方案基于一个图画书故事,每节主题课程都设有一个固定的情境（图画书中的情境片段）,主题课程之间具有连贯性,戏剧活动与社会—情绪学习活动都围绕情境展开教学（见表4-1）。

表4-1　教育戏剧课程活动方案的框架

	内容	课程实践环节			
主题课程 （8课时）	图画书故事情节	情境设定	戏剧活动	主题赏析	技巧练习
展演联排 （4课时）	戏剧表演常识	戏剧表演常识	剧场规则	制作海报及邀请函	展演宣传日

每节主题课程的流程结合教育戏剧的实践方法分为4个部分:情境设定、戏剧活动、主题赏析和技巧练习。社会—情绪学习的核心概念通过与本节课主题相关的图画书故事片段进行导入,营造情境化教学场景,基于图画书故事中特定的情境引出社会—情绪学习概念并设计戏剧活动任务,根据实际教学情况和需求,采用不同的戏剧活动培养幼儿的戏剧素养和社会—情绪能力。

1. 情境设定

主题课程的内容是基于图画书故事展开,故事具有连续性,同时结合教育戏剧实践方法"在说明中进行建立情境的活动",因此在每次主题课程的开始,按照故事情节的先后顺序为每次课程设定一个规定情境,教师和幼儿在这个规定的情境中完成接下来的各个活动环节。

每节主题课程的情境设定不同,相对应的戏剧活动以及社会—情绪学习的核心概念也会不同,根据当下的情境,通过符合情境的戏剧活动和主题赏析引导幼儿完成社会—情绪学习核心概念的学习是情境设定的首要目的。其次,根据以往经验,在幼儿实际的一日生活中,主题类课程并不一定是每天都会开展的,所以情境的设定不仅使主题课程之间拥有起承转合,还可以让幼儿在开始新的课程内容之前唤醒记忆,更好地融入新的情境中进行学习。

2. 戏剧活动

戏剧活动环节是教育戏剧课程中必不可少的内容之一,也是充分体现戏剧艺术魅力的窗口。在教育戏剧实践方法里"动作上升中设置叙事性活动"指的是通过戏剧表演达到内容叙述的目的,但鉴于幼儿表演能力的不足以及课堂时间有限等因素,本主题课程借鉴实践方法将戏剧活动根据幼儿年龄和社会—情绪学习的核心概念以及每节主题课程的规定情境进行设计,通过有趣的戏剧活动,引导幼儿运用面部表情和肢体动作等表演形式强化社会—情绪学习的核心概念。

戏剧活动的形式十分灵活,根据需求可分为:合作类活动、沟通类活动、模仿类活动、想象类活动、注意力训练类活动和声音肢体类活动等。在每次主题课程中,选择符合故事内容和规定情境的活动形式,促进幼儿社会—情绪学习核心概念的学习。

3. 主题赏析

通过前两个环节,幼儿对于本节课程的情境已经有了比较深刻的认识,但因课堂时间有限,戏剧活动无法完全实现教学目的,因此在教师的带领下,幼儿需要了解图画书故事中更多的细节内容,以便他们对于故事的全局把握。这不仅可以完善社会—情绪学习核心概念的学习过程,而且有助于幼儿最终的戏剧呈现。

主题赏析是围绕本节课程需要学习的社会—情绪学习核心概念,采用教师提问的方式进行,旨在引导幼儿仔细观察、发挥想象,培养幼儿表达能力,并且与戏剧活动相辅相成加深幼儿理解核心概念的学习。主题赏析是课程中师幼沟通的重要环节,若有幼儿在戏剧活动环节无法融入,那么在本环节中教师可以有针对性地和其进行沟通交流,确保每个孩子都可以参与到活动中来。

4. 技巧练习

在主题课程的最后环节,依然借鉴教育戏剧的实践方法"在结束中做反思活动",为每节课程设置一个简短有效的"收场",即技巧练习。虽然此环节相对于之前的活动时间较少,但对于幼儿学习社会—情绪的学习技巧尤为重要,是巩固技能的重要途径。

幼儿在习得新内容(社会—情绪能力技巧)后,在教师的引导下进行独自或以小组为单位的技巧练习。在这个环节中教师可以脱离课程的故事情境,但需要寻找幼儿日常生活中与故事情境接近的场景相结合,将本节课的社会—情绪学习核心的概念与技巧运用在幼儿实际发生的场景中,帮助幼儿举一反三,提高其知识迁移能力,在此过程中,让幼儿分享实践活动中的感受和经验不仅可以锻炼表达能力,增强对自身和他人感受的识别和理解,还可以进一步强化直接经验。

总体而言,主题课程的设计是借鉴了教育戏剧的实践方法,将社会—情绪学习的核心概念作为教学内容,并尊重幼儿"身心发展规律",通过戏剧或剧场的技巧丰富教学内容和方法,建立群体参与的互动关系以及轻松愉快的学习过程,引导幼儿发挥想象,勇于表达,并促进其学习意愿与教学效果的提升。

(三)展演联排

活动方案的第二部分,与第一部分主题课程使用同一图画书故事作为内容基础,不同于主题课程中借鉴的教育戏剧实践方法,展演联排是以戏剧排练过程和最终演出为导向,在师幼互动和同伴协作下通过熟悉基本的戏剧常识,了解戏剧创作的过程学习社会—情绪能力的核心概念。

第二部分共四个课时,分别是戏剧表演常识、剧场规则、制作海报及邀请函和展演宣传日,每个课时围绕一个主题进行学习(若在一个课时中没有完成相关教学任务可以另行安排时间完成)。活动方案是按照戏剧准备、排练、演出的过程进行设计,教师则担任"导演"带领幼儿共同完成舞美道具、场务宣传以及最终的戏剧表演。

第一课时　戏剧表演常识

在之前主题课程的学习中,幼儿对图画书故事的发展情节以及主人公和其他角色的情绪变化已有所了解,也通过戏剧活动尝试了简单的表演,但在戏剧表演方面往往肢体动作较局限,缺乏舞台戏剧表演的基本常识,因此本次活动鼓励幼儿在观察比较和讨论中初步了解舞台的一些常识,让幼儿在自主发现和解决问题的探索过程中了解舞台表演有别于其他表演,即需要更多关注演员动作、造型以及空间方位等问题,从而提升幼儿表演能力,巩固幼儿使用社会—情绪学习的核心概念与技巧。

第二课时　剧场规则

"戏剧表演常识"的学习,使幼儿对戏剧表演有了基本的认识,知道什么是舞台表演,在舞台上需要注意哪些要点,但是幼儿普遍缺乏遵守剧场规则的自觉性和意识,在表演过程中不论是小观众还是小演员,都往往会由于受到情绪、同伴或其他因素等影响干扰或中断表演。因此本次活动能够帮助幼儿在互动和解决问题中梳理剧场规则的内容,了解幕牌及指令提示的内容和意义,并愿意在表演进程和生活中遵守剧场规则,保持安静有序的剧场氛围,让戏剧表演更加专业和精彩。

第三课时　制作海报及邀请函

一次完整的戏剧演出除了舞美道具和戏剧表演外,宣传物料的准备也是必不可少的环节,为了让幼儿能充分感受成果展示的自豪与快乐,为了让幼儿亲力亲为地参与演出前的每项工作中,制作海报和邀请函是很好的切入点。本次活动,在了解海报和邀请函的特征及作用的基础上,鼓励幼儿根据表演的内容合作设计海报(或邀请函),促进幼儿同伴互动和协作能力的发展,并将制作完成的邀请函送给父母,进行戏剧演出前的宣传工作,请幼儿向父母讲述演出内容以及自己扮演的角色,邀请家长到园观看自己班级的戏剧表演,增加亲子互动的机会。

第四误时　展演宣传日

在完成了前几个环节的学习和准备工作后,幼儿已经对将要演出的戏剧以及宣传品都有了比较深刻的认识和理解。本次活动通过了解演出宣传的工作内容和基本流程,充分利用前期制作的宣传海报,鼓励幼儿共同设计宣传台词,在实际生活中运用社会—情绪学习的核心概念与技巧大胆向陌生人(其他班级的幼儿和教师)介绍和宣传演出活动,感受团队合作和成果收获的快乐。

第二部分的主要教学目的是让幼儿亲身参与和感受戏剧演出的全部过程,并在实践中运用第一部分学到的社会—情绪学习核心的概念与技巧,借助戏剧演出筹备活动的机会让幼儿在一日生活中,在真实的场景下,巩固所学习的内容,促进幼儿社会—情绪能力的发展。

第二节 基于教育戏剧的学前儿童社会—情绪学习活动 案例及分析

本节内容以《毛毛虫和大公鸡》为例，通过故事简介、主题课程框架和活动案例三个版块分别介绍教育戏剧在本活动方案中的运用和实施。

一、故事简介

在一个美好的清晨，树林里有一群毛毛虫们正高高兴兴地躺在草地上晒太阳，它们感到很温暖，就在这时，毛毛虫们看到一只大公鸡在觅食，正朝这边慢慢地走来，身后还跟着许多小小鸡仔。毛毛虫们感到很害怕，大叫道："公鸡来啦，怎么办？怎么办？"慌乱中一只毛毛虫喊道："快跑呀，快跑呀！"但已经来不及了，大公鸡看到毛毛虫们后快速地朝它们走来，堵住了毛毛虫们的退路，而小鸡们却很好奇，因为小鸡们没有见过毛毛虫。

被拦住的毛毛虫们害怕极了，这时一只毛毛虫鼓起勇气提议道："公鸡大哥，别吃我们，我们可以给你们唱歌！"另一只毛毛虫也紧跟着说："我们也可以给你们跳舞！"其他毛毛虫也你一句我一句地说道："对对对，我们还可以和你们一起做游戏！"小鸡仔们没有见过毛毛虫，看到他们很好奇，也和大公鸡说："别吃他们吧，带他们回家吧，我们想和他们做朋友。"最终大公鸡答应了小鸡仔，带毛毛虫回家和他们做了好朋友。

大公鸡和小鸡仔带着毛毛虫回家后，小鸡们对他们照顾有加，看到又大又绿的叶子说："绿绿叶子香又香，毛毛虫们一定喜欢它。"于是带着叶子回去给毛毛虫们吃；看到树枝说："粗粗树枝很结实，可以给毛虫当玩具。"又把树枝带回家给毛毛虫们玩耍。"叶子香喷喷，树枝真好玩，谢谢你们！"毛毛虫们都非常开心。小鸡仔和毛毛虫们来到荷塘边玩耍，突然下起了大雨，毛毛虫向小鸡仔寻求帮助："下雨了，我们淋湿了会生病的，请帮帮我们吧！"于是小鸡仔们找来荷叶，举在毛毛虫们的头上说道："别担心，有我们给你们遮风挡雨！"

秋天到了，小鸡仔去找毛毛虫玩，结果发现毛毛虫们都结成了蛹，正当他们奇怪的时候，看到一只大鸟正快速地飞来准备吃它们！小鸡仔喊道："大鸟来了！大鸟来了！快保护毛毛虫！"公鸡大哥听到叫喊声也赶了过来，为保护毛毛虫和大鸟展开了搏斗，最终，大鸟被公鸡大哥赶走了，但公鸡大哥的翅膀也受了伤，小鸡们看到后，有的说："我去找干净的河水给你洗伤口。"有的说道："我们去山上给你采药止血吧。"但是，草药长在了小鸡们够不着的地方，让他们很为难。

毛毛虫们在蛹里看到大公鸡和小鸡仔为了保护自己和大鸟搏斗的经过，很感动，于是努力破蛹而出变成了美丽的蝴蝶，飞到了大公鸡的身边说："公鸡大哥，我们回来了！""你们是谁？"公鸡疑惑地问道。"我们就是毛毛虫，我们变成蝴蝶啦，我们可以飞，我们帮你去山上采药！"蝴蝶把草药带回来给公鸡疗伤，公鸡说道："好多了，不疼了……谢谢你们，你们变得好漂亮呀！"

"因为有了你们，我们才有今天的美丽，公鸡大哥，谢谢你们！"蝴蝶高兴地说道。大公鸡和小鸡仔也开心地说："因为有了你们，我们才知道帮助别人好快乐！毛毛虫，也谢谢你们！"

二、主题课程框架

主题课程	课程情景内容	社会—情绪学习核心内容
第一课时	沐浴着阳光的小树林里，有一群在树叶和树干上啃食用餐的小毛毛虫，载歌载舞地享用美食。	识别感受；情绪理解
第二课时	一个风和日丽的清晨，正在觅食的鸡群来到了毛毛虫生活的小树林，开始找寻食物。	缓解情绪；情绪控制
第三课时	大公鸡们很快找到了毛毛虫们，但机智勇敢的小毛毛虫们，沉着冷静不惊慌，动脑筋想办法，尝试了与他沟通，最终公鸡们没有吃他们。	情绪控制；解决问题
第四课时	成长中的毛毛虫们需要很多的食物和运动，大公鸡和小鸡仔时而给他们叼来新鲜的树叶，时而陪它们一起跳舞运动。小毛毛虫和大公鸡、小鸡们愉快的生活在一起，慢慢长大。	控制情绪；人际交往
第五课时	树林里的天气多变，这天毛毛虫们最怕的雷雨天气来了，还好有大公鸡为它们遮风挡雨，面对大公鸡和小鸡仔的关心和帮助，慢慢地它们的感情发生了变化，更像是亲密的伙伴。	人际交往；社交技能
第六课时	除了恶劣的天气，还有其他的掠食者会威胁到毛毛虫的生命，今天有只大鸟飞来了，想要吃掉毛毛虫，还好有大公鸡在，可是在保护毛毛虫的过程中它受伤了。	解决问题；关心尊重他人
第七课时	毛毛虫们化茧成蝶，一只只破茧而出，展现出自己美丽的翅膀。它们飞到花丛中，帮大公鸡采来了草药，来到了受伤的公鸡身边，帮它疗伤，向它致谢。	人际关系；解决问题
第八课时	整体回顾，轻松氛围。	整体回顾

三、活动案列分析

活动案例 17 节选了《毛毛虫和大公鸡》的第一课"淘气的毛毛虫"，详细介绍了活动方案中情境设定、戏剧活动、主题赏析和技巧练习的运用以及涉及到的社会—情绪学习核心内容。

案例17：第一课　　淘气的毛毛虫（中班）

> 主要领域：艺术/语言
>
> 社会——情绪学习：认识基本情绪

核心概念

识别感受：通过语言、表情等识别感受。情绪理解：理解情绪产生的原因。

设计意图

图画书故事《毛毛虫历险记》讲述了毛毛虫在遇到天敌大公鸡时由起初的害怕，到最后勇敢做朋友并相互帮助的奇妙经历。中班幼儿对于自己的情绪已经有较好的认识，并能用较为丰富的情绪词汇进行表述，但对于情绪产生背后的原因不甚了解。本次活动为图画书故事的第一教时，借助观察理解故事中毛毛虫的心理变化，帮助幼儿通过面部、身体、情境线索识别感受，理解产生某种情绪的主要原因，不仅有助于幼儿认识情绪、管理情绪，更有助于使幼儿理解情绪产生的原因。

活动目标

1. 观察讲述画面，感知故事中的毛毛虫的心理变化。
2. 愿意用"我很……，因为……。"的句式表达自己的感受，体验戏剧游戏的乐趣。

活动准备

1. 经验准备：中班幼儿对自己的情绪已经有较好的认识，并能用较为丰富的情绪词汇进行表述。
2. 材料准备：图画书《毛毛虫历险记》课件PPT、毛毛虫头饰服装、场景布置。

活动重、难点

1. 活动重点：感知故事中的毛毛虫的心理变化。
2. 活动难点：尝试理解产生某种情绪的主要原因。

活动过程

一、情境设定

沐浴着阳光的小树林里，有一群在树叶和树干上啃食用餐的

小毛毛虫,载歌载舞地享用美食。(教室环境布置:可设置大型的树叶地标,可设置涂色环节,每片树叶上可停留两到三只毛毛虫)

二、戏剧游戏

棒棒糖鼓变变变

◇ 第一轮:跟着鼓点游走在教室里,填满整个表演空间,鼓点快脚步快,鼓点慢脚步慢,鼓点停时脚步停。(身体控制,熟悉指令)

◇ 第二轮:在第一轮的基础上稍作改变,鼓点停时根据指令和自己的想法变成指定的造型。(变成一只毛毛虫、会扭屁股的毛毛虫、会发抖的毛毛虫)

◇ 第三轮:再叠加情绪的变化,鼓点停时根据指令塑造毛毛虫人物。(开心的毛毛虫、害怕的毛毛虫、勇敢的毛毛虫)

活动小贴士

1. 引导幼儿表现毛毛虫相应的角色造型、特征、动作和情绪。

2. 强调幼儿根据教师口令做出反应和变化。

3. 激发幼儿想象力,肯定幼儿自身创作的所有毛毛虫造型。

三、主题赏析

图画书故事引入:一群毛毛虫美得嘞!我们大家在一起,真好!真好!"你们看那是什么?天呐!天呐!是大公鸡,怎么办?

● 第一个画面:毛毛虫们在绿草地上,吃树叶晒太阳!(阳光明媚、绿意葱葱)

1. 讲解图画书,展示画面。

2. 教师提问引导。

◇ 从图中,我们可以看到什么?(好多毛毛虫、太阳、绿草地)

◇ 在太阳温暖地照耀下、在绿绿的草地上,你们猜一猜毛毛虫是什么感受?(开心的、快乐的、舒服的)如果你跟他想的一样,请拍拍肩膀"。此时此刻,毛毛虫可能会说"我很开心""我很快乐"。

◇ 我们想一想,毛毛虫为什么开心? 为什么快乐?(好多毛毛虫在一起玩、太阳很温暖、天气很好、可以吃草)这个时候,毛毛虫可能会说"我很开心,因为我可以和其他毛毛虫一起玩。"或是说"我很快乐,因为太阳照着我很暖和。"张贴板贴"我很_____,因为_____。"

◇ 今天你们来上幼儿园是什么感受? 或是你们曾经有过开心的、快乐的感受吗? 教师示范:今天我很开心,因为我来给大家上戏剧课程。邀请幼儿分享并运用句式说出原因。

● 第二个画面:天呐! 天呐! 公鸡来了! 怎么办?(看到了大公鸡的身影,妈妈告诉过我们,大公鸡会吃我们的)

1. 讲解图画书,展示画面。

2. 教师提问引导。

◇ 想想现在毛毛虫是什么感受?(害怕的、紧张的、不开心的)你们是怎么知道的? 从哪里看出来?(眼睛瞪大;身体发抖;缩成一团;公鸡很大,毛毛虫很小)

◇ 现在毛毛虫会说什么？（我很害怕，因为大公鸡来了；我很害怕，因为我怕大公鸡吃我）提醒幼儿使用句式。随机请几个幼儿回答。如果你和他想的一样，请拍拍肩膀。再次运用句式，来表达毛毛虫的感受及原因。

◇ 当我们感到开心、快乐或是害怕、紧张的时候，我们都可以说出感受，然后说出为什么会有这样的感受。当说出"我很_____，因为_____。"时，我们就可以更加明白自己当下的感受和原因了。

活动小贴士

提问过程中，教师要留给幼儿足够的思考时间，注意引导幼儿通过观察毛毛虫的身体、表情以及周围的情境线索，来识别感受并说出感受，同时引导幼儿思考感受产生背后的原因。

四、技巧练习

现在我们来玩一个关于感受的游戏。我们要用面部和身体来表达感受。

1. 教师示范。**看着我，猜猜我现在是什么感受。**向幼儿展示伤心的表情和身体状态。**我最喜欢的玩具不见了，你们觉得我是什么感受？**（伤心的）幼儿猜出感受后，教师说**"我很伤心，因为我的玩具找不到了。"**

2. 幼儿表演。邀请幼儿站到教师身边，面向全班幼儿大声念出以下一个情境，让幼儿用身体和表情表达自己的感受，请其他幼儿猜猜表演者是什么感受。当其他幼儿回答完毕后，让表演者点头或者鼓掌表示赞同。（志愿者要用句式表达自己的感受和原因。）

如果遇到以下情况，你是什么感受？你的脸部表情和身体会是什么样的？

◆ 你周末要和爸爸妈妈去游乐园玩。（开心的、兴奋的）

◆ 你的朋友把你最喜欢的玩具拿走了。（伤心的、生气的）

◆ 外面下雨了，你不能出去玩滑滑梯了。（伤心的、难过的）

活动小结

今天我们学习了通过观察面部、身体及周围环境,来识别自己或他人的感受。我们还学习了要用"我很 _____,因为 _____。"表达感受。所以,接下来我们都要注意观察别人的脸、身体,看看我们能不能识别他们的感受。

第五章／

基于机器人编程教育的学前
儿童社会—情绪学习活动设计
与案例分析

2017年，国务院印发的《新一代人工智能发展规划》中明确指出：应逐步开展全民智能教育项目，在中小学阶段设置人工智能相关课程、逐步推广编程教育。2017年，教育部《义务教育小学科学课程标准》中指出："倡导STEM跨学科学习方式，以项目学习、问题解决为导向组织课程"。《中国互联网学习白皮书之人工智能教育发展报告（基础教育）》把小学学段的人工智能能力培养目标设定为：能够感知、体验、分辨人工智能，逐步培养计算思维能力（马涛，赵峰，2019）。对接小学学段目标，面向学龄前儿童，人工智能启蒙教育则意味着要消除他们对智能技术的神秘感、陌生感，体验智能技术的应用，感知智能技术的发展，应用智能技术进行游戏、学习和创作，其关键任务是为儿童适应未来的智能时代奠基，创设智能学习情境，增进儿童对人工智能的了解，激发学习兴趣，在儿童心里埋下人工智能的"希望之种"。教育部发布的《3~6岁儿童学习与发展指南》强调"珍视幼儿生活和游戏的独特价值，充分尊重和保护其好奇心和学习兴趣，创设丰富的教育环境""从不同角度促进幼儿全面协调发展"。

欧洲学校网在2015年发布的《编制我们的未来》（*Computing our future*）报告中指出面向儿童的编程教育，其目的主要是（1）为儿童进入数字化、智能化的世界做心理及经验准备，以更好地应对未来挑战，拥有21世纪生存基本技能；（2）通过编程教育培养儿童的计算思维，这是与读写算同等重要的21世纪核心素养之一。美国"K－12计算思维课程"标准规定了从5岁幼儿到高中生的计算思维培养目标。中国国内相继出台的政策文件表现出对计算思维培养的支持，社会各界也为鼓励发展各个年龄段学生的计算思维能力做出了努力。如2017年6月，国际计算思维挑战赛（International Challenge on Informatics and Computational Thinking）开启了中国赛区，大赛参与对象主要是3到18岁的学生和教师，这对于推动社会各界关注并参与计算思维教育，发挥着重要作用。此外，国内外研究者们相继推进了对计算思维培养的研究，许多学者提出计算思维的培养实行从基础教育到高等教育的逐步贯穿，才能取得较好的成效，体现出计算思维培养对象"低龄化"的趋势。在幼儿期培养学生的抽象能力，发展计算思维。然而从数据库搜索到的文献中发现，绝大多数课堂教学研究对象是国外学生，我国国情下幼儿计算思维的培养研究，国内仍处于起步阶段，主要是理论层面上的研究，实践研究比较缺乏。

机器人玩具是一种中介符号和文化工具，当被有意义地运用在幼儿所处的环境时，会成为一种可操控的人工制品（Manipulative Artefact），能够促进幼儿的社会—情绪能力和更高的智力功能的发展（Daniels，2010）。阿莫尼（Armoni）等（2013）对编程活动进行研究，结果显示，虽然幼儿的编程技能、问题解决能力上没有显著差异，但是幼儿的编程信心、自我效能感、学习动机及兴趣都得到极大的提高。麦克唐纳和豪厄尔（McDonald & Howell）的研究表明机器人项目能有效地帮助5至

7岁的儿童发展读写能力和计算技能。陈丽苗(2020)的一项研究中表明机器人园本课程对5—6岁幼儿的创造力培养有很好的促进作用,能促进幼儿的观察能力、专注力、坚持性、空间思维(构建机器人)、主动性、预测能力等,促使5—6岁幼儿思维的独特性、新颖性、流畅性、灵活性和精密性等创造力特征的形成。吴姗姗(2020)的研究表明,机器人编程活动的实施使大班幼儿对事物更加感兴趣,好奇心得到增强,幼儿参与学习的主动性随着好奇心的增强而迅速发展,对完成某个任务的坚持性和专注能力得到提高,想象和创造力也在规划路径中获得发展。

学前儿童的机器人教育实践和研究,应把握学前教育的基础性、启蒙性、整体性的特点。一是学前教育是基础教育中的基础,学前阶段的机器人教育价值取向不是让孩子硬性掌握多少编程知识或技术,而是为了顺应未来社会发展的人工智能环境,通过利用机器人技术这个先进的教学工具和手段,促进学前儿童体、智、德、美的良好发展与个性的健康发展。二是学前教育的启蒙性侧重于保护儿童在机器人编程教育中的好奇心,激发儿童对入门级别的编程和算法的兴趣,在与机器人互动中启迪数学、物理等科学思维,从而逐渐培养奠基性的科学素养和养成良好的终身学习习惯,为其以后的学习和发展打下初步的基础。三是《3—6岁儿童学习与发展指南》指出:"儿童的发展是一个整体,要注重领域之间、目标之间的相互渗透和整合,促进幼儿身心全面协调发展,而不应片面追求某一方面或几方面的发展。"可见,儿童机器人编程教育应该是整体性的教育,是与五大领域、一日生活、户外运动、游戏等方面融合的教育,通过直接感知、亲身体验、实际操作的方式在游戏、生活中指向幼儿身心和谐发展的教育。

基于机器人编程教育的学前儿童社会—情绪学习活动对我们来说是一个新的领域和概念,在开始接触此活动时,可能会感到迷茫,不知道这样的活动要如何开展。首先,思想指导行动。在基于机器人编程教育的学前儿童社会—情绪学习活动中,我们不仅需要具备机器人编程相关的技术素养,能够根据幼儿年龄特点,为他们创建机器人编程活动和探究活动的条件和环境,还需要社会—情绪学习方面的知识和教学技能(Harlen, Kewalramani, Palaiologou, & Dardanou, 2020)。其次,我们要完善和创新早期教育的教学实践和方法。在幼儿与机器人玩具互动时,我们要为他们提供明确的支架和引导,为激发幼儿的探究素养创造条件。教师控制减少,学习者的智力水平会随着思考和学习自主性的不断提高而提高。最后,我们对机器人编程教育应有积极的情感体验,作为幼儿编程与社会—情绪学习的支持者、引导者、合作者,要能够及时发现幼儿强大的"想法",支持鼓励幼儿的独立探索以及小组成员的沟通交流,关注到每个幼儿的不同表达方式。

第一节　基于机器人编程教育的学前儿童社会—情绪学习活动设计与理论基础

一、机器人编程教育

（一）编程

编程是"编写程序"的中文简称，就是让计算机代为解决某个问题，对某个计算体系规定一定的运算方式，是计算体系按照该计算方式运行，并最终得到相应结果的过程。为了使计算机能够理解人的意图，人类就必须将需解决的问题的思路、方法和手段通过计算机能够理解的形式告诉计算机，使得计算机能够根据人的指令一步一步去工作，完成某种特定的任务。

少儿编程并非高等教育那样学习如何写代码、编制应用程序，而是通过编程游戏启蒙、可视化图形编程等课程，培养学生的计算思维和创新解难能力。例如学生在制作一个小动画的过程中，自己拆分任务、拖拽模块、控制进度，从而理解"并行""事件处理""目标实现"的概念。

（二）编程教育

少儿编程教育指通过编程游戏启蒙、可视化图形编程等课程，培养学生的计算思维和创新解难能力的课程。为了让大家的思路更加清晰，我们再来横向对比一下"少儿编程教育"与另外一个易混淆的内容，即"机器人编程教育"。

机器人编程教育指通过组装、搭建、编写程序运行机器人，激发学生学习兴趣、培养学生综合能力的一种教育方式。可以理解为机器人编程教育是通过一些教育类的机器人硬件来实现编程教学的目的。机器人编程教育是指利用机器人玩具对于教学的效果进行优化，强调人工智能技术的应用。引导幼儿操作机器人玩具运行的过程中，形成对科学探索的兴趣，探究科学的良好品质。人工智能技术属于信息技术范畴，其广泛应用已构成了当下儿童的生存境遇，儿童即使在学校中不接触智能技术，在家庭、社会生活中也无法避免。

少儿编程和机器人编程不是一个概念，可以说机器人编程是少儿编程的一个载体和直观呈现方式。

（三）国内外机器人编程教育的现状

在美国，机器人与编程教育课程在幼儿园、中小学课堂上备受欢迎。早在 1986 年，麻省理工学院（以下称 MIT）就开始与丹麦乐高公司合作，研发并推出了可编程的积木式机器人。MIT 媒体实验室的终身幼儿园项目是专门根据青少年儿童多样化的学习需要而开发和研制软件、机器人教具等。目前 MIT 已发布了涵盖 K12 到大学阶段的机器人课程。美国其他的一些智能机器人实验室也在探索和设计机器人教育课程，例如卡内基·梅隆大学（以下称 CMU）的机器人学院，以 ROBOTC 作为基础，发布了从 K12 到大学阶段的机器人技术专业课程体系。美国多个州的中小学都将机器人教育活动的内容纳入技术教育课程体系，例如南卡罗来纳州在技术教育课程体系中，要求学生了解自动化技术、机器人和人工智能技术等；在犹他州的 K12 核心课程设置中，要求学生对机器人技术有所认识和了解；纽约州的查宾（Chapin）学校在 2～5 年级的学段课程中都开设了 ROBOTICS；宾夕法尼亚州发布了 K‐12 ROBOT 课外活动方案。还有一些学校，广泛组织学生参加各类机器人竞赛，通过这种方式达到科技教育的目的。美国计算机学科教师协会（Computer Science Teacher Association）在 2011 年推出了"K‐12 计算机课程标准"。2016 年的新版培养框架中提出了，重点在编程学习的计算机信息课程是学生必修课程内容之一。2000 年，北京景山学校率先举办了智能机器人的课外小组实践活动，并在 2002 年进行了智能机器人专业课程的教学实践试验。随后，陆续有中小学在校本课程中进行了探索，尝试"机器人活动进课堂"。2005 年，哈尔滨市率先将"人工智能与机器人"技术实践课程作为信息技术教育的一部分，正式将机器人课堂教学引入试点学校。当前，国内有条件的学校都已进行机器人编程教育的尝试。教室环境下，师生针对某个特定主题，开展学科整合应用的探究活动，完成学习任务。大多是以校本课程、社团活动、综合实践课等方式开展，没有普及到每位学生。此外，机器人教师通常由数学教师、信息技术教师等兼职，以竞赛为导向，组织学生展开机器人操作、编程等综合实践活动。据调查，不少学生家长认为学校应承担机器人实验室的建设，组织学生参加相关竞赛活动，这表明国内家长认可 STEM 理念下多学科融合的机器人教育。我国教育部也明确提出了义务教育信息科技课程要培养的"核心素养"能力包括四个方面：信息意识、计算思维、数字化学习与创新、信息社会责任。

（四）编程教育的培养目标

1. 计算思维及其基本要素

随着人工智能、区块链、云计算等技术的不断发展，众多行业都展现出很大的变革，计算思维在教育领域，尤其是 K‐12 阶段教育中持续升温。计算思维（computational thinking）是一种思维方式。西蒙·派珀特（Seymour Papert）是最早提出计算思维的人。作为第一个倡导儿童计算机教育的人，他早在半个多世纪以前就对此问题进行了深入思考并做出了巨大的奠基性贡献。派珀特从"教孩子如何思考"出发，指出孩子可以通过选择自己的思维模式来真正成为他自己，认可每位儿童都是一个认识论者是儿童发展计算思维能力的前提（Papert，1980）。国内关于计算思维的最早研究是由周以真于2006年提出，认为计算思维是指利用计算机科学的基础概念解决问题、设计程序和理解人类行为的一系列思维活动，具有多元抽象思考、反对机械记忆、强调数学和工程思维的补充与整合等特征，并呼吁教育界将计算思维作为与传统读、写、算同等重要的技能来培养（Wing，2006）。

帕帕达基（Papadakis）等论述了在幼儿阶段培养计算思维的重要性，认为学前教育阶段的编程课程主要目的应该是帮助幼儿通过设计程序而非仅仅记住算法和操作来解决问题，在实现这一目的的过程中使幼儿的计算思维得到发展（Wang，Huang & Hwang；Papadakis，Kalogiannakis & Zaranis）。致力于儿童与人类发展研究的贝尔斯（Bers）教授认为计算思维不仅是解决问题，也是表达和创造的过程，需要向幼儿提供外部创建的工具，编程语言可以有效充当这种工具以培养幼儿的计算思维，如利用可视化编程软件（Scratch Jr）和编程机器人（Kibo、DODO），让幼儿在游戏中探索学习和表达自己的想法，提出了幼儿阶段计算思维培养的七大要素：算法、模块、控制结构、指代、程序设计、排除故障以及了解软件和硬件（Bers，2020）。也有学者将计算思维分为问题分解、模式识别、抽象、算法和调试五个基本构成要素（蔡荣华，关敏，2019）。

结合幼儿认知水平、思维能力等情况，以及课程情境化和游戏化的设置，基于机器人编程教育的学前儿童社会—情绪学习活动将幼儿的计算思维分为算法、模块化、控制流程、指代、程序设计、调试以及了解软件和硬件。

2. 培养计算思维的实践路径

当今时代，人工智能教育承载着幼儿计算思维发展的任务。学前儿童人工智能启蒙教育可以依靠智能感知技术、智能交互技术和编程教育这三条路径进行实施。

（1）通过智能感知技术启蒙计算思维

皮亚杰曾说过，活动既是感知的源泉，又是思维发展的基础。对于学龄前儿童的发展来说，观赏、体验和探索的活动显得尤为重要。幼儿可以基于一定的主题进行分组探索，而观赏、体验和探索都需要充分的、多种形式的视觉、听觉，甚至是触觉的感官刺激和引导，让儿童能深入感知和体验。智能技术一方面可以"为儿童的感知和体验提供丰富多样的设备支持"（冯璇坤，刘春雷，2018），另一方面也可作为儿童感知和体验的对象。例如，幼儿园中幼儿签到所使用的人脸识别技术，除了人脸识别技术，还有情绪识别、声音识别、植物识别等都可以扩展和促进儿童对智能技术的体验。幼儿园保教活动中也开始应用智能技术，如基于幼儿人脸和表情识别的视频监控系统，可以识别幼儿在园活动期间的表情，并进行自动剪辑、推送，以实现智能化管理；也可通过智能机器人对在园的幼儿进行陪伴，"促使幼儿主动表达到园后的心情以及展现他吃饭、喝水、解便、午睡等情况，而这些情况会如实录入系统并及时反馈给家长"（陈维维，2020）。

（2）通过智能交互技术启蒙计算思维

智能交互技术建立在智能感知技术的基础之上，需要以对语音、图像、触摸的理解为基础，从而通过语言、动作、表情等对外界作出反应，当然其背后离不开机器学习、大数据技术的支撑。英国普利茅斯大学（University of Plymouth）机器人项目专家贝尔帕姆（Tony Belpaeme）教授认为："机器人不会完全取代教师，但却能激发对儿童的教育"。儿童的智能交互技术启蒙教育工具最典型的应用就是社交机器人、陪护机器人，我们也称其为儿童教育机器人。儿童教育机器人一般都具有可爱的卡通或拟人形象，在语音交互方面，大多具有语音唤醒功能，能与儿童进行简单的自然语言交流，也有根据不同的学习需求设计了儿童英汉双语、诗歌、童谣、童话故事等交互功能；在动作交互方面，一些智能机器人能进行声源定位或人像定位，转动头的方向，模拟人与人之间的面对面交流，或循着声音的方向而行走；在情绪交互方面，基于类儿童情感引擎，通过表情、语速、动作、灯光等元素的综合处理，智能机器人可以根据不同的情境表现出不同的情绪，强化"拟人"效果（陈维维，2020）。

（3）通过编程教育培养计算思维

对于学前儿童的编程教育启蒙，要遵循幼儿身心发展规律和认知特点，其关键并不是学习编程规则和代码编写，而是用简单易懂的图形化的编程工具让儿童可以更多地想象、动手、玩耍、分享和反思，学会创造性的思考和做事。编程教育和实施工具密切相关，目前市场上比较适合于学龄前儿童进行编程启蒙教育的工具可分成两类，一类是基于屏幕的图形化编程软件，如 LOGO、ScratchJr 等，其特征是覆盖了主要计算课程的编程元素，如事件、序列、迭代等（刘君艳，2017），且大多是免费的。另一类是有形机器人编程（tangible programming），有专为 4～9 岁的儿童开发的手动编程机器人，无须电脑软件和平板，使用可触摸的编程模块，像拼积木一样学习编程，如 KIBO、MatataLab。这一类的计算思维培养方式主要是通过对物理机器人行为的设计与控制来发展思维能力，在对机器人的编程操作中学习抽象、自动化、分解、模式识别、调试等计算思维概念，如贝尔斯（Bers）曾经在三所幼儿园课堂中对幼儿实施机器人编程课程的干预，结果表明幼儿将指令与机器人行为对应、对指令进行正确排序、控制流程以及调试的能力得到培养，并且幼儿表现出对机器人编程的积极兴趣。

基于机器人编程教育的学前儿童社会—情绪学习活动，我们尝试采用有形机器人编程工具嘟嘟（DODO）培养幼儿的计算思维与社会—情绪能力。

二、机器人编程教育设计流程

（一）编程工具介绍

一个编程活动和编程课程的实施都离不开适合的编程工具，尤其是幼儿阶段，编程工具的选择尤其重要。本课程中使用的编程工具是带有编程游戏软件的教育机器人——嘟嘟。机器人教学资源是一种通过实物机器人编程促进幼儿计算思维培养的教学资源，既符合幼儿群体的认知需求，也能够达到编程启蒙的教育目标。一方面，要服务于幼儿群体，保证教学资源的简单可上手性；另一方面，幼儿机器人教学资源的教育目的不仅仅在于编程启蒙，更重要的是在潜移默化中培养幼儿的计算思维能力。

首先，嘟嘟教育机器人是专门为中国学前儿童设计的教育机器人，具有丰富的颜色，可以播放不同的情绪音乐。其次，在初期的实践过程中教师和幼儿对教育机器人嘟嘟的接受度良好，幼儿对机器人嘟嘟表现出较强的兴趣。再次，符合幼儿园对幼儿教育的要求。教育机器人编程活动将抽象复杂的编程代码可视化、实物化，配置颜色笔、图纸、实体化的指令卡片、道路模块指令板等，低结构化的材料满足幼儿动手操作、自主探究的愿望。最后，教育机器人具有高情感反馈、低控制难度的特点，教育机器人嘟嘟在幼儿活动过程中通过发出声音给予及时的情感反馈，让幼儿乐学善学。

（二）机器人编程活动设计的依据

1. "高天花板""低地板"和"宽墙"编程理念

派珀特指出计算思维文化环境的创设还应该遵循"低地板、高天花板、宽墙（low-floor、high-ceiling、wide-walls）"的理念：低地板指编程门槛要低，让儿童容易上手。嘟嘟机器人玩具符合幼儿年龄特点，操作简单安全；高天花板指的是要有足够的发展空间，在教师的支持和引导下，在与机器人玩具和同伴互动中，幼儿解决问题的能力得到提高；宽墙指的是多元化的发展路径（吴姗姗，2020）。

2. 建构主义理论

建构主义学习理论主要论述了知识、学习和学生三个方面的观点。在知识观上，维果斯基认为任何一种承载知识的符号系统并不是绝对真实的表征。在学习观上，世界是客观存在的，但是对于世界的理解却是由每个人自己决定的，以自己的经验为基础对现实世界进行理解与构建。在教学观上，教学不是单纯的知识传递，更重要的是知识的处理与转换，因此维果斯基提倡情境性教学。

编程教学设计及实践中，首先应充分了解幼儿的学习经验、认知水平、思维特点等因素，同时为幼儿提供形式多样的学习资源，从而引导幼儿对相关知识概念的理解。其次,教师应设计适当的教学策略以及学习活动任务,并通过创设情景来启发幼儿的积极探索、主动构建。最后,在整个教学实践中,教师要充当幼儿主动学习的引导者、支持者和合作者,充分尊重幼儿的学习主体地位,发挥幼儿学习的主观能动性,因此,基于建构主义的编程环境是让孩子反思自己想法,使得抽象概念变得更加具体可观,反思过程,找到最优解决办法(蒋小涵,2020)。

3. STEAM 理论

STEAM 教育是包含 Science(科学)、Technology(技术)、Engineering(工程)、Math(数学)和 Arts(艺术)的教育,它传递的是一种学科整合的思想(王殿玉,2020)。在幼儿教育阶段,幼儿园将幼儿学习的内容分为五大领域(语言、社会、科学、艺术和健康),本课程活动在机器人编程教育活动中融入社会—情绪学习方面的知识也是受 STEAM 教育理念的影响。

4. 中介理论

中介理论是维果茨基社会文化理论的一个核心内容。维果茨基将高级思维过程看作是中介活动相互作用的结果,他将中介分为三大类:物质工具、心理工具和中介者。物质工具是指自然界中的客体,以人类的共同分享思想、人际交往以及符号表征的出现为先决条件。心理工具则作用于人类自身的心理过程。心理工具即符号中介。符号中介包括自然语言、人造语言,以及不同时代和不同国家的文化符号系统等。这种符号工具不仅作用于外部世界,还作用于人自身,促进人自身的认知发展。人可以借助符号工具从事很多复杂、抽象的心智活动。中介者分为两种途径。第一种从个体与社会的关系出发,知识构建过程是社会与个人相互依赖的结果,而知识的内化才是个体内的心理过程。第二种途径关注的是作为意义中介的中介者。这里的中介者包括父母、教师或其他成年人,他们在儿童认知发展过程中担负着传承文化和引领发展的中介角色。他们不但为儿童提供丰富的学习资料,创造良好的学习环境,还发展儿童的思维,开发其独立解决问题的能力。

在编程教育活动中,嘟嘟机器人玩具本身属于物质工具。颜色模块指代不同的行走语言,机器人原理、编码语言等属于心理工具。在幼儿园课程环境中,教师是中介之一,在机器人编程教育课程中为幼儿提供支架,是帮助幼儿主动学习的引导者、支持者和合作者。幼儿与社会互动是另一中介,通过与机器人、教师和同伴互动,将知识内化。

(三) 机器人编程提升计算思维的策略

基于机器人编程教育的学前儿童社会—情绪学习活动有别于中小学的编程教育,中小学的编程教育目标是培养幼儿信息技术或编程思维,而此课程是以机器人教育编程活动为载体,加入社会—情绪学习的内容,旨在促进幼儿计算思维的发展与社会—情绪能力的提高。本课程活动一共包含 12 节课,前 3 节课为机器人的预备课程,学习编程的基本知识,为后续基于机器人活动的社会-情绪学习做铺垫。后9节课共3个维度,分别是情绪管理、同伴交往和解决问题,每个维度各3节课。每节课都是围绕嘟嘟的日记进行展开,并有一个固定的主题,机器人编程活动与社会—情绪学习活动围绕这个主题进行教学。该活动的设计策略将从结构、内容、教学实践三部分进行介绍。

1. 从课程结构上看

每节课的课程流程分为4个部分:谈话导入、学习活动(以嘟嘟的日记进行展开)、实践活动(讨论与操作)和交流与分享。在实际教学中,这4个部分是通过7个模块进行展开的,分别是概念导入、知识迁移、导入活动/教授新课、学习活动/知识应用、实践活动、分享活动、活动延伸。

每一节课核心的社会—情绪学习概念是通过与本节课主题相关的故事进行导入。引入故事,营造情境化教学场景,基于故事引出社会—情绪学习概念并布置编程任务,根据实际教学情况和需求,采用不同的训练方法培养幼儿的计算思维和社会—情绪能力。同时,通过了解和熟悉故事内容,幼儿在教师的引导下将知识迁移到机器人编程活动中,为接下来的编程教育学习和社会—情绪学习奠定知识和经验基础。当幼儿在前两个环节中初步感知教学目标后,教师开始基于主题任务教授机器人编程原理及内容。幼儿在教师的带领下运用社会—情绪学习技能学习机器人编程教育知识。幼儿在习得新内容后,独自或以小组为单位操作机器人编程工具,目的是完成本节课的编程任务目标。在分组实践的过程中,教师充当的是引导者,为幼儿提供支架,帮助幼儿在自身已有经验和目标之间建立联系。实践出真知,让幼儿分享在实践活动中的感受、经验不仅可以锻炼表达能力,增强对自身和他人感受的识别和理解,也进一步深化了直接经验。幼儿在实践过程中通过自己思考、动手操作、验证结果等获得的直接经验是非常宝贵的。张雪门先生认为:"直接经验是人生的基本经验,有了这一步经验,才能产生记忆、想象和思想。如果基本经验不正确,那么一切的心理作用也自然不能正确。"他还将直接经验看做幼儿理解间接经验的根基,幼儿只有拥有了直接经验才能吸收间接经验,才能把间接经验当做自己的经验,并支配它。在课程结束后的延伸环节是巩固编程知识与社会—情绪技能的重要途径。此环节有助于关注不同幼儿之间的差异,弥补集体教育的不足。

2. 从课程内容上看

(1)任务由简单到复杂,开展机器人编程教学

每节课都包含一个主题任务,任务的设计考虑到任务的难易程度和设计所需知识的循序渐进,应当是从简单到复杂的设计,这样幼儿可以快速地掌握基础知识,并能及早地获得满足感,吸引幼儿的兴趣,事半功倍地完成教学任务。在选用辅助教材介绍机器人及其原理时,程序实现需要简单化,采用图片、视频等多媒体对幼儿即

将学习的知识进行多样化的介绍,在培养幼儿兴趣的同时,完成幼儿对机器人任务动作编程的相关设计的知识教学。然后引入机器人构造、巡线原理的教学,如识别线条和颜色代码等功能,在了解机器人的特性后,运用这些基本的巡线功能,完成最初的机器人行走。幼儿可以思考在什么情况下需要运用和控制指令实现机器人的暂停、直行、左右转,在什么情况下要进行方案优化和任务的调试,通过幼儿对机器人动作任务的不断练习和慢慢体会,最后上升到机器人完整复杂任务的综合实现。

(2)设计生活化情境体验,开展机器人编程教学

主题任务设计就是幼儿生活经验的重现或建构,生活化的机器人任务设计可以让幼儿更加贴近生活实际,方便理解任务需求,也更易于将社会—情绪学习能力迁移到未来的社会生活中。从更好的理解和接受这个角度出发进行任务设计,在机器人编程的过程中,需要通过一些情境任务将任务分解与重构表现出来。例如,当嘟嘟在公园玩的时候,它是什么感受?当嘟嘟摔倒了又是什么感受?请幼儿换位思考,说出嘟嘟的感受;然后通过设计好的情绪地图和路线,幼儿为嘟嘟完成情绪地图的路线行走。在这个过程中,幼儿不仅学会了编程,也加深了对情绪的理解。主题任务活动将机器人编程延伸到生活中,利用机器人动作演示实际的社会生活问题,引导幼儿从生活中学习,运用计算思维和社会—情绪学习技能解决问题,充分调动幼儿的主观能动性,使得幼儿的智慧得到了有效的发挥,增加了幼儿的学习参与感。

(3)抛出问题互动,开展机器人编程教学

幼儿自身学习能力尚待加强,还没有养成良好的学习习惯,这时就需要教师在进行机器人编程教学的时候充分发挥自身引导者作用,为幼儿提供明确的支架和引导,为培养幼儿的探究素养创造条件。通过以问题为导向的探究互动,教师不仅能把控好教学节奏,还能促使幼儿在与机器人玩具互动时,提出想法和新的建议。这有助于激发幼儿的好奇心和进一步探究的动力。

3. 以编程为主题的任务贯穿课程/双目标主题任务贯穿课程

(1)贯穿整个活动的多主题任务

9节课有9个主题任务。主题任务为主线是本活动的一大特色:编程学习和社会—情绪学习内容都融合在各项任务中,并贯穿整个实践过程。首先,任务使幼儿由好奇引出兴趣,进而求知,并进行动手实践。因此,创设贴近幼儿生活与经验的情境有助于激发幼儿的学习欲望;其次,每个主题任务都含有内在的学习目标,幼儿在任务解决过程中探究编程知识、运用并锻炼社会—情绪技能;最后,教师引导幼儿对任务过程中的经验进行总结和分享,并对幼儿的表现进行评价总结。

国际教育技术学会ISTE(International Society for Technology in Education)曾经指出:计算思维的核心能力是问题解决能力,在计算机系统领域,也就是通过开发

计算机程序来解决问题的一种能力。社会—情绪学习指幼儿学习认识及控制自己的情绪、开展对别人的关心及照顾、做出负责任的决定、建立并维持良好的人际关系、有效地处理各种问题的学习过程。两者都指向培养幼儿的问题解决能力。因此本研究创建游戏任务情境进行编程问题和人际、社会性问题的解决。在解决编程问题的过程中,幼儿需要进行问题表征、运用指令、控制流程、分解任务、调试修正。在解决社会化问题,如平复情绪、帮助他人、发起交往和维持友谊、做出选择、想想解决办法等时,幼儿需要运用社会—情绪技能冷静面对和有效处理。

对于编程目标和社会—情绪学习目标相结合的任务进行两种类型的设计。

第一,封闭式任务设计。封闭式任务是指有确定的目标和确定过程的任务,任务目标或结果是单一的和具体的,并且其任务实现方法是唯一的,这种类型的任务适合于培养幼儿认知层面上对计算思维中相关概念的理解。依据编程教育干预内容,结合每节课的知识能力目标,在一开始设计不同的封闭式任务,如在编程教育初期,主要面临的问题是解决对编程机器人的部件功能的理解及基本操作,对编程颜色线条的符号表征及理解。因此在教学任务设计上,采用目标单一、结果确定的封闭式任务,通过教师讲解及示范,让幼儿理解相关计算概念及编程技能。

第二,半开放式任务。半开放式任务是指一个明确的结果和开放的过程的任务,其目标是具体的,但有不同的方法实现。这种类型的任务适合于培养幼儿计算概念和计算实践。在幼儿掌握了基础知识及基本操作后,可以设计半开放式任务,让幼儿尝试自主探究的学习。这一类型的任务,可以激发幼儿的探究及学习的兴趣,幼儿根据游戏任务来发挥自己的想象力,探索解决问题的不同实践方案。在半开放式任务环节,多采用小组合作的形式,培养计算思维技能的同时促进幼儿社会—情绪能力的发展。通过小组合作的形式,幼儿在合作解决一个问题时,他们会与其他幼儿或与成人通过编程玩具互动。在与教师或与同伴合作完成一项任务时,幼儿要学会尊重、倾听、接受别人的看法和观点,在同伴遇到困难时展示关心和提供帮助,与同伴合作判断不同策略的不同结果,这些会使他们负责任地使用当前技术来解决问题。

(2) 幼儿为主体,教师为主导

幼儿为主体:任务驱动教学模式使得幼儿的主体地位得到充分发挥。首先,在与编程机器人的互动中,幼儿的学习动机、探究素养和计算思维得到了激发。同时幼儿在编程成功的体验中获得更大的积极性和主动性,由于可编程机器人易学易用的特性,幼儿不被硬性的学习标准所束缚,能够让机器人"动"起来以执行任务,这个过程本身已经使得幼儿产生一种成就和喜悦。机器人玩具不能取代幼儿进行人际交往和做出负责任的决定的机会。而是幼儿在操控机器人玩具的同时,与教师和同伴产生互动,这为社会—情绪学习的发展提供了可能性。

教师为主导：以建构主义理论为基础的任务驱动式教学模式，要求教师成为学生知识技能提高的领路人。为了调动幼儿参与本课程的积极度，本活动选取贴近幼儿生活的有趣学习情境，结合可编程机器人教学，进行编程学习任务与社会—情绪学习设计，培养幼儿计算思维能力与社会—情绪能力。在实践过程中，注意观察，并对幼儿出现的疑难和社会性问题进行指导。综合幼儿的课堂表现，采用多元化的评价方式对其进行过程性和发展性评价。

三、机器人编程教育与社会—情绪学习

编程教育在于培养幼儿的计算思维，在以往研究的基础上，结合自身课程设计特点，我们将计算思维分为算法、模块、控制结构、指代、程序设计、排除故障以及了解软件和硬件七个概念。本课程中使用的机器人编程工具是带有编程游戏软件的教育机器人——嘟嘟，机器人嘟嘟的编程思想以及编程实践都围绕计算思维的这七个概念进行。同时将社会—情绪学习的核心概念与计算思维的概念进行融合，形成一门基于机器人编程教育的社会—情绪学习课程。

（一）计算思维与机器人编程教具

1. 软件和硬件

机器人嘟嘟作为一种可视化的编程教具，由硬件和软件组成。幼儿可以通过"嘟嘟"的透明塑料外壳看到电路板、齿轮、电池等硬件，此外嘟嘟的外形也是幼儿可以直接观察到的，如嘟嘟的启动开关、轮子，以及颜色传感器等。而软件则为控制机器人动作的电脑程序，机器人教具的巡线原理、颜色编码以及颜色识别功能都属于软件部分。因此硬件和软件是作为一个系统来一起工作完成任务的。

2. 指代

使用不同的颜色代码来表示不同的动作指令，在本课程教具中，红色代表左转，蓝色代表右转，绿色代表直行，而当多种颜色代码组合在一起时，它们则表示机器人执行的一系列动作。如当机器人嘟嘟在十字路口处需要右转时，需要将蓝色的代码贴到指定位置，待机器人嘟嘟识别颜色代码后，会做出"右转"的动作反应。

3. 模块化

将任务或过程分解为更为简单、易于管理的单元，这些单元可以组合起来创建一个更复杂的过程。颜色代码由最初简单的单颜色指令：红、绿、蓝，到逐渐复杂的多颜色指令：如"绿、红"颜色代码代表"暂停"指令，"蓝、红、蓝"颜色代码代表"开心"指令。机器人先识别简单的单颜色指令，逐渐根据任务的难易程度增加到多颜色指令，依次识别从简单到复杂的颜色指令，进而组合起来成为更加复杂的任务指令。

4. 算法

将对象或动作以正确的顺序排列,比如有逻辑地复述一个故事或有顺序地排列数字。机器人嘟嘟在识别颜色代码时需要按照一定的顺序完成正确的指令识别后,才能顺利执行动作。如机器人嘟嘟在识别代表"开心"指令的"蓝红蓝"颜色代码时,机器人的颜色传感器需要按照"蓝色—红色—蓝色"的顺序依次识别,这样才能正确执行"开心"的指令,同时在嘟嘟顶部的显示器上会显示"开心"的图像,并伴有"开心"的声音。

5. 程序设计

设计过程用于开发包含几个步骤的程序。传统上,工程设计过程包括确定问题、寻找想法和开发解决方案,也可能包括与他人分享解决方案。在进行任务的过程中,在颜色代码的学习基础上,幼儿会根据主题任务完成设计。如幼儿要根据现实情况确定问题,如在十字路口需要暂停,进而寻找"暂停"指令,让机器人在适当的位置暂停,并不断尝试解决该问题。

6. 控制流程

在程序运行时执行指令的重复、顺序与因果关系。在整个操作过程中,可以根据机器人的执行情况进行判断与控制。如改变设计思路,临时增减任务指令,都可以实现流程的控制。

7. 调试

调试的主要目的是调整机器人的状态以及修复设计程序。首先机器人本身自带校准功能,在接触不同质地的平面时,机器人需要事先在准备操作的平面上进行校准,校准的目的是保证机器人正确识别指令与执行准确动作。与此同时,在完成任务的过程中,幼儿可以及时根据任务要求进行调试,如调整设计思路、整顿操作过程等。

计算思维的七个概念与课程教具相融合,通过机器人的操作让幼儿在过程中学习计算思维,帮助幼儿养成独立思考、持续学习的习惯,提高幼儿尝试多角度解决复杂问题,甚至提出新问题的能力。

(二)计算思维与社会—情绪学习

在开展基于机器人编程教育的社会—情绪学习课程的过程中,将机器人教具嘟嘟拟人化,课程设计与课程内容为幼儿呈现不同的主题与场景,通过帮嘟嘟完成挑战、跟嘟嘟一起体验生活与解决问题等方式,让机器人教具嘟嘟成为幼儿的生活游戏伙伴,进而通过各种主题活动促进幼儿社会—情绪学习能力的发展。机器人编程与社会—情绪的融合课程帮助幼儿在发展社会—情绪学习能力的同时,实现计算思维的发展。

1. 软件和硬件

在社会—情绪学习的课程设计中,在开展自我意识板块课程"我的身体"时,幼儿通过感知自己的身体:五官、大脑、四肢等身体部位,感受身体的变化,了解自己的身体发育发展需求;了解大脑的功能有利于幼儿进行自我觉察,进而更好地认识自己,专注自己。

2. 指代

幼儿学会颜色代码可以代表一些指令动作后,也会认识到生活中一些动作所代表的含义。在情绪管理板块的教学活动中,将社会—情绪学习的"平静下来的步骤"作为管理情绪的练习方法,在熟练练习和掌握后,幼儿会通过一定的动作指令理解含义,如"停一停、双手放在肚子上、说出感受、腹式呼吸"。幼儿理解情绪管理规则中动作所指代的含义,可以在教师引导中不断强化,帮助幼儿管理情绪。

3. 模块化

教学设计的整体是按照由简单到复杂的原则进行的。将学习目标细化为更加简单,易于管理的小单元,在教学活动中进行操作。课程先认识机器人的外形与构造、了解机器人的巡线原理、认识基础的颜色代码以及颜色代码复杂组合体,进而通过主题的设计进行完整任务的操作。

4. 算法

在"嘟嘟应对生气感受"的教学活动中,将嘟嘟的路线行走分解为有逻辑顺序的小单元,如"停一停、双手放在肚子上、说出感受、腹式呼吸",逐渐递进,最终学会平静下来的方法。

5. 程序设计

教学活动的任务围绕问题展开,在解决问题的过程,幼儿需要在教师的引导下,进行问题解决,在社会—情绪学习中使用问题解决六步法:(1)说出遇到的问题;(2)想想可能的解决办法;(3)探究一下解决办法的可行性;(4)选择一种解决办法;(5)用于实践;(6)思考整个解决的过程。通过六步法,幼儿梳理问题思路,最终实现问题的解决。

6. 控制流程

在操作过程,幼儿的合作、分享等社会—情绪能力会影响教学活动的展开与教学效果。因此在教学活动中,教师要根据幼儿的表现与反应生成课程,灵活应对教学活动中幼儿的情况。幼儿是教学活动的主体,具有游戏主体性,在操作机器人的过程中,幼儿可以控制任务流程,灵活调整计划与路线。

7. 调试

通过机器人的校准模式,幼儿可以了解到自己也会面临生气、愤怒、委屈等消极情绪,无法正常地进行游戏,进而在教学活动中觉察自己的情绪、了解情绪的因果关系、管理与释放自己的情绪等,知道自己可以通过恰当的方式进行调整。

课程按照机器人的编程特点进行设计,融入社会—情绪学习的内容,将计算思维与社会—情绪学习融合起来(见表5-1)。

表5-1　计算思维、机器人及社会—情绪学习关系表

计算思维	机器人	社会—情绪学习
软件和硬件	机器人硬件:外壳/轮子/电路板/显示灯等;机器人软件:巡线原理/颜色代码/指令识别。	如自我意识中的"我的身体",认识身体各部位,感受身体变化。认识大脑:专注自身,通过"注意力眼镜",体验集中注意力的乐趣。
指代	颜色代码或动作指令代表现实生活中的规则。	如情绪管理中的平静下来的规则,人际交往中的"倾听规则"。
模块化	由认识机器人外形与构造,熟悉巡线原理到熟练运用颜色代码,进行指令识别的简单到复杂的模块化学习。	从自我意识、自我管理到社会意识、人际交往和做负责任的决定的板块化学习;各板块内的递进学习,如自我管理中的情绪管理,按照年龄段先认识情绪,再感受情绪的因果关系,进而管理自身情绪。
算法	任务分解,将复杂的任务拆成若干个步骤。	如"嘟嘟应对生气的感受",将活动步骤按照"停一停、双手放在肚子上、说出感受、腹式呼吸"的步骤进行,一步一步逐渐递进,教授平静下来的方法。
程序设计	/	如负责任的决定"问题解决六步法",说出问题、想解决办法、探究可行性、选定解决方法、实践、思考总结。
控制流程	/	幼儿是教学活动的主体,具有游戏主体性,在操作机器人的过程中,幼儿可以控制任务流程,灵活调整计划与路线。
调试	机器人"校准模式",确保机器人的灵活性和准确性。	如自我管理中的情绪管理,通过情绪管理技巧如掌中大脑、黄金6秒钟等,调节自己的情绪。

第二节　基于机器人编程教育的学前儿童社会—情绪学习活动案例及分析

　　机器人教学活动借助教具机器人，在大班开展以机器人为载体的社会—情绪学习活动。本案例在嘟嘟日记故事的基础上，借助机器人进行社会—情绪学习的探索，激发幼儿学习兴趣，以情境式、游戏化的方式开展教学，教学过程以问题情境为基点，通过实践操作，以问题解决为目标，完成活动的探索，进而强化幼儿的社会—情绪学习技能。

案例 18：第 5 节　日记二——《嘟嘟过生日》

核心概念

　　编程概念：指代；知道颜色代码；程序设计

　　社会—情绪学习概念：理解情绪的外在原因以及缓解让自己不舒服的情绪的办法

设计意图

　　在上节课中，幼儿已经学习过情绪的识别，通过表情来判别情绪。幼儿在现实生活中有过不同情绪体验；引起幼儿不同情绪的原因也多种多样。只有知道引起情绪的原因，才能对症下药，用不同的方法缓解不好的情绪。因此，本次教学活动发生在嘟嘟的生日情境背景下，教师通过机器人嘟嘟的让自己不舒服的情绪以及引起让嘟嘟不舒服的情绪的原因来引发幼儿的共鸣，让幼儿能够知道自己不舒服的情绪产生的原因并初步学习缓解不舒服的情绪的办法。

活动目标

1. 知道四种情绪（开心、伤心、生气和害怕）的颜色代码。
2. 了解引起情绪的外在原因。
3. 知道缓解让自己不舒服的情绪的办法。

活动准备

1. 经验准备：小朋友在日常生活有不同的情绪体验。
2. 材料准备：路线图(5—1)、机器人(四人一个)、PPT、代码贴。

活动重难点

1. 活动重点：知道引起情绪的外在原因。
2. 活动难点：根据所学到的颜色代码让嘟嘟完规定的路线图。

活动过程

环节一：导入，复习上节课的内容

教师：小朋友们，上节课我们的好朋友嘟嘟去公园的时候发生了一些事情，还有了不同的情绪变化，谁还记得呢？来说一说。

教师：小朋友们小脑袋真棒，清楚地记得嘟嘟去公园发生了什么，而且还记得嘟嘟的心情是什么样的。今天嘟嘟又有了一些感受，我们来听一听嘟嘟发生了什么，为什么会有这些感受呢？

环节二：嘟嘟的日记(二)——嘟嘟过生日

情境：今天是嘟嘟的生日，他很开心，还邀请了自己的朋友一起来庆祝。嘟嘟在家一直等着好朋友们按门铃，可是嘟嘟等了好久，门铃还是没有响起，嘟嘟生气地将玩具汽车扔在了地上，坐在椅子上看着门的方向，还在等待着。又过了好久，门铃还是没有响起，嘟嘟感到很难过，奄拉着脑袋哭了起来。哭着哭着房间的灯突然熄灭了，嘟嘟害怕极了，心跳加速，立马跑到墙角躲起来。

关键提问：

● 故事先说到这里，我们来说一说，故事里嘟嘟有了哪些情绪感受呢？

教师：嘟嘟的感受是开心、生气、难过和害怕。

● 那嘟嘟有这些情绪感受的原因是什么呢？

情境：嘟嘟哭着哭着房间的灯突然熄灭了，他害怕极了，心跳加速，立马躲到墙角躲起来。不一会儿生日歌从嘟嘟的房间传出来，嘟嘟的好朋友端着蛋糕唱着生日歌走出来了，原来嘟嘟的好朋友们早就来了，只是躲在房间里想给嘟嘟一个惊喜，他们还给嘟嘟准备了一个新的玩具汽车，嘟嘟的生气和难过立马消失了，和好朋友们一起开心地吃了蛋糕。

关键提问：

● 现在知道灯为什么熄灭了吗？

情境：嘟嘟今天真是经历了一个难忘的生日呀。经过嘟嘟过生日，我们知道每一种情绪都是有原因的。就像嘟嘟，因为好朋友遵守了约定，来参加他的生日，所以最后他变得很开心。

教师：跟嘟嘟一样，我们都会因为一些原因产生情绪，也会有很多办法缓解不好的情绪。比如老师会因为下雨天打湿了衣服变得有点儿难过。但是老师听一首自己喜欢的歌，难过就会减少一点儿了。

关键提问：

● 你们也可以来分享分享，你们在生活中会因为什么出现这些让自己不舒服的情绪呢？出现让自己不舒服的情绪你会做什么让自己舒服一点儿呢？

小结：在生活中，引起情绪的原因有很多，当我们遇到让自己不舒服的情绪的时候要想一想原因，然后想办法解决这些让自己不舒服的情绪。

环节三：分组讨论与操作

教师：刚刚我们通过故事知道了嘟嘟过生日产生的各种情绪和原因，现在嘟嘟要睡觉了，睡觉之前他在回想今天过生日的情绪变化，请小朋友们通过情绪地图来帮他一起回忆回忆。

教师：接下来请小朋友和组员根据嘟嘟情绪代码讨论由谁来在路线图上贴上代码贴，帮嘟嘟完成情绪地图，在帮嘟嘟完成情绪地图的时候，小朋友们可以回忆回忆，生活中有哪些事情会让你觉得开心、难过、生气和害怕呢？

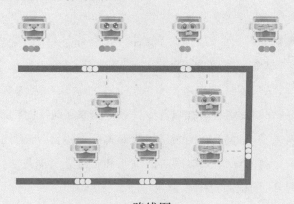

路线图

幼儿操作过程中,教师巡视观察。

教师进行巡视指导,重点观察:知识技能——对于机器人外部特征的观察。

社会—情绪——能否分享、轮流地使用机器人:是否能在他人使用时耐心地等待。

如果发生争抢、霸占使用等问题,请予以一定的指导

环节四:交流分享

教师:小朋友们都完成了,那现在哪一个小组愿意上来展示一下自己的路线图,可以根据路线图和嘟嘟的情绪代码跟嘟嘟和小朋友们再说一说嘟嘟今天产生的情绪和原因。

小结:如果你们和他们/她们贴的也一样请点点你的小拳头。今天,我们通过嘟嘟过生日的故事,知道了情绪有很多种,引起情绪的原因也有很多,但是情绪没有好坏之分,当我们遇到让自己不舒服的情绪的时候,要学会找一个办法缓解自己的情绪哦。

活动延伸

1. 给家人讲述自己今天在幼儿园产生的情绪和原因以及缓解让自己不舒服的情绪的方法。

2. 根据今天在幼儿园的经历,画一张属于自己的情绪地图。

3. 机器人编程思维训练

(1)图画书名称:《超级棒棒糖》

任务主题:情绪棒棒糖

任务步骤:

步骤一:嘟嘟机器人化身糖巫婆,它从起点出发,糖巫婆先粘到了女孩和男孩减速 2 秒(贴绿蓝减速指令);

步骤二:嘟嘟接着它追青蛙,加速 2 秒(贴蓝绿加速指令);

步骤三:嘟嘟最后掉进水里,暂停了 2 秒(贴绿红暂停指令),走到终点后,糖巫婆意识到自己的错误。

步骤四:请试着补画路线,然后运行嘟嘟完成在地图上行走,边讲述故事。

任务目的:学习使用加速、减速指令。

任务地图:

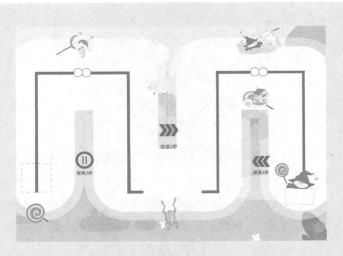

（2）图画书名称：《医生最喜欢谁》

任务主题：遵守规则小行家

任务步骤：

步骤一：嘟嘟机器人化身医生，从起点出发，开开心心地吹着口哨去看病啦（粘贴蓝绿蓝口哨指令）；

步骤二：可是嘟嘟医生给河马打针失败，心情糟糕（粘贴蓝红失败指令）；

步骤三：接下来嘟嘟医生给配合的小朋友看病，很开心！（粘贴蓝红蓝开心指令）；

步骤四：请试着补画路线，然后边运行嘟嘟在地图上行驶，边讲述医生看病的故事。

任务目的：学习使用失败、开心指令。

任务地图：

执教者　徐汇科技幼儿园　张　琦

案例 19：第十课：日记七——丽丽哭了，怎么办？

核心概念

编程概念：指代。

社会—情绪学习概念：解决问题、做负责任的决定。

设计意图

在日常生活中，尤其是小组活动中，大班幼儿经常因意见不合、霸占玩具等原因发生矛盾，但他们无法选择合适的方案，顺利解决问题。因此，本次教学活动在嘟嘟日记情境的背景下帮助幼儿学习解决问题的六个步骤：说、想、探、选、用、思，并尝试做负责任的决定。同时，帮助幼儿感受小组讨论和操作的乐趣，运用超级加速、蜗速前进或哼唱《小星星》的方式帮机器人回家。

活动目标

1. 知道解决问题的六个步骤：说、想、探、选、用、思，尝试做负责任的决定。

2. 感受小组讨论和操作的乐趣，学会运用"超级加速""蜗速前进"和"哼唱《小星星》"指令。

活动准备

1. 经验准备：幼儿在生活中经常遇到各种问题。

2. 物质准备：PPT、机器人嘟嘟、路线图 10 - 1、代码贴。

活动重、难点

1. 活动重点：知道解决问题的六个步骤：说、想、探、选、用、思，学会运用"超级加速""蜗速前进"和"哼唱小星星"的指令。

2. 活动难点：感受小组讨论和操作的乐趣，尝试做负责任的决定。

活动过程

环节一：情境导入

情境：嘟嘟听说幼儿园的小朋友都很喜欢他，也很喜欢上机器人课，他非常开心，决定今天来幼儿园看一看。刚走进教室，嘟嘟就看到丽丽在角落里哭泣，他赶紧过去问丽丽怎么了？丽丽边哭边跟嘟嘟讲今天发生的事情。原来今天上午的机器人课是帮助机器人回家,并且学习了三种新的技能"超级加速、蜗速前进、哼唱小星星",机器人可以超级加速飞奔回家,也可以像蜗牛一样慢悠悠的走回家,还可以高高兴兴地哼着"小星星"的歌曲回家。老师说:"四个小朋友一组,有 5 分钟的时间讨论和操作,可以先商量一下玩的先后顺序,每个小朋友都要试一试"。丽丽和亮亮、佳佳、明明一组。大家还没开始讨论,亮亮就说他先玩,玩了一次又一次,不肯给其他小朋友玩,2 分钟之后,才把机器人给佳佳。佳佳只花了1 分钟就帮助机器人哼着歌回家了,然后准备把机器人交给下一位小朋友。这个时候离结束还剩 2 分钟,明明和丽丽都还没有开始玩,他们抢着要先玩,两个人抢过来,抢过去,又花了很长时间,最后还是被明明抢走了。不一会,5 分钟时间到了,机器人被收走了,但是丽丽一次都没有玩到,她伤心地哭了起来。

环节二:说——说出问题

关键提问:

● 在机器人课上,丽丽的小组发生了什么事情?

● 丽丽为什么哭? 哪位小朋友能给我们仔细分析一下?

小结:丽丽哭主要是因为没时间玩机器人。这里有两个问题。一个问题是亮亮玩了很多次,占用了太多时间;另一个问题是丽丽和明明争夺的过程浪费了很多时间。

环节三:想——想一想解决方法

教师:嘟嘟应该怎么帮助他们解决这两个问题呢? 我们一起帮嘟嘟想办法吧!

关键提问:

● 大家还没开始讨论,亮亮就说他先玩,玩了一次又一次,玩了很长时间都不愿意给其他小朋友。面对这个问题,你会怎么做? 有什么好的解决办法吗?

● 丽丽和明明争抢机器人的时候,你会怎么做? 有什么好的解决办法吗?

环节四:探——探索各种可能性

教师:我们刚刚提出了很多解决方法,现在一起探索一下,哪些方法能够很好地解决问题!

关键提问：

● 这个解决方法能够解决亮亮的问题吗？如果这样做，会产生什么后果呢？

● 这个解决方法能够解决丽丽和明明争抢的问题吗？如果这样做，会产生什么后果呢？

小结：教师总结可行的解决方法，排除不可行的方法。在遇到问题的时候，我们可以想到很多解决方法，可是有的方法不仅解决不了问题，还会造成更严重的后果。所以，我们在遇到问题的时候，一定要想一想这个解决方法能不能真正地解决问题，如果会造成不好的后果，那就换一个更好的方法解决问题。

环节五：选——选择最好的方法

关键提问：

● 这几个方法都可以解决亮亮的问题，但哪一个是最好的方法呢？说一说为什么。如果你和他的想法一样，请点点拳头。

● 这几个方法都可以解决丽丽和明明的问题，但哪一个是最好的方法呢？说一说为什么？如果你和他的想法一样，请点点拳头。

小结：我们每天都会遇到很多问题，尤其是在小组合作中，遇到问题的时候一定要认真想一想怎么做才能更好地解决问题。

环节六：用——用于实践

教师：我们选出来最好的解决方法，这个方法应该怎么用呢？到底能不能解决问题呢？下面我们玩一个角色扮演游戏。

角色扮演：

● 亮亮要霸占玩具，其余三位小朋友实施最佳解决方法。

● 明明和丽丽争抢玩具，其余两位小朋友实施最佳解决方法。

分组讨论与操作：

教师：我们已经知道怎么解决问题了，现在我们也帮机器人回家，看看你们在小组活动中能不能和平相处，遇到问题能不能很好地解决。

路线图

环节七:思——总结和思考

关键提问:

● 你们小组在讨论和操作的时候是怎么讨论和分工的?

● 有意见不同的情况吗? 是怎么解决的?

小结:

遇到问题的时候,有一个六步口诀:说、想、探、选、用、思。第一步是说一说,让别人知道你遇到了什么问题;第二步是想一想,想想都有什么好方法;第三步是探一探,探究一下每个方法会产生什么后果;第四步是选一选,从这么多方法里选出最合适、最有效的方法;第五步是用一用,用最合适的方法去解决问题;第六步是思一思,思考整个问题是怎么解决的,还有什么要注意的。

活动延伸

1. 回家把解决问题的口诀"说、想、探、选、用、思"教给爸爸妈妈。

2. 机器人编程思维训练:

(1)图画书名称:《没有牙齿的大老虎》

任务主题:我想对你说

任务步骤:

步骤一:嘟嘟机器人化身为老虎,从起点出发,他吃了一次狐狸送来的糖,他发出了开心的声音(粘贴蓝红蓝开心指令);

步骤二:吃了一次不过瘾,老虎又吃了一颗绿色的糖果,他开心的唱起了鲨鱼一家的歌(粘贴绿红蓝鲨鱼一家音乐指令);

步骤三:可是糖果吃了太多,最后疼得团团转(粘贴疯狂旋转指令);

步骤四:请试着补画路线,然后边运行嘟嘟在地图上行驶,边讲述故事。

任务目的:学习使用疯狂旋转指令、鲨鱼一家音乐指令

任务地图:

(2)图画书名称:《狐狸商店》

任务主题:愿望超市

任务步骤:

步骤一:狐狸的店要营业了,嘟嘟机器人约好了依次接小猪和鳄鱼一起去店里实现愿望。嘟嘟从起点出发,先左转去接小猪(粘贴红色左转指令);

步骤二:接到小猪后,右转向下,直行,(粘贴绿色直行指令);

步骤三:在下一个路口左转,就接到了小鳄鱼;

步骤四:小猪、小鳄鱼和嘟嘟在下一个路口右转,然后一起到达了狐狸的店;

步骤五:请边运行嘟嘟在地图上行驶,边讲述故事

任务目的:学习通过客体方向的变化,规划正确的方向指令

任务地图：

执教者　徐汇科技幼儿园　蒋玲玲

第六章／

基于人机互动的学前儿童
社会─情绪学习活动设计
与案例分析

第一节　基于人机互动的学前儿童社会—情绪学习活动设计与理论基础

随着科学技术的飞速发展和教育改革的不断深入,信息技术与教育的整合已经成为当今教育的热点。学前教育中应用现代信息技术可以满足不同的教学需求,在这种背景下科学合理地运用现代信息技术就变成了幼儿教师全新的教学任务。在以往的教育过程中,幼儿教师多数情况下基于传统的教学模式,幼儿被动地听从教师的安排,无法充分发挥出个性,教与学之间存在较大的"矛盾",因此将现代信息技术合理地应用到教学中是现代教学手段的趋势(朱明明,2020)。

一、数字化背景下的儿童发展

随着教育改革的不断推进,学前儿童综合能力的发展受到社会上越来越多的关注。将信息技术引入学前教育阶段,利用信息技术改善幼儿学习策略,不仅能够提升幼儿的学习能力,同时也满足了幼儿群体独特的需求。因此,了解数字化背景下人机互动教学对学前儿童综合能力发展的影响成为一种迫切需求。有研究表明,在成长与发展的过程中,信息技术与教育的融合不仅可以促进幼儿身体健康、注意、执行功能和语言等多方面的发展;还可以促进幼儿社会性方面的发展,包括自我意识、社会情绪、同伴关系、社会责任感等。

(一)身体健康

人机互动能够促进幼儿身体健康发展。首先,人机互动强调的是互动,注重幼儿在活动过程中身体、心理的全方位调动,通过与人机互动的游戏或活动,幼儿可以得到身体锻炼的机会,如点击屏幕等可以锻炼幼儿手指运动,模仿屏幕上的动作可以锻炼幼儿粗大动作的发展,从而促进身体各方面运动能力的发展。其次是能够增强幼儿的身体协调性,通过人机互动的游戏,幼儿需要根据屏幕显示的画面不断调整自己的身体姿势与活动方式,在此过程中逐渐培养协调性和灵活性。此外,还可以提高幼儿的大脑反应速度,一些人机互动的游戏和活动具有快速、多变的特点,幼儿需要根据屏幕上的提示与要求做出及时的反应和行动,这就要求幼儿的大脑与身体的灵活变化程度必须跟上屏幕的变化速度,长此以往幼儿的反应速度就能得到明显的提升。最后,幼儿的心肺功能能够得到改善和促进。与传统教学模式不同,人机互动以动态、有趣为特征,幼儿在活动过程中非静态的活动要求幼儿在教室的正确引导下调整自己的呼吸,这可以让幼儿得到良好的心肺锻炼,从而改善心肺功能。

(二) 注意

注意是心理活动对一定对象的指向和集中,是维持感知觉、记忆、思维等认知活动的基础,其中选择性注意和持续性注意是保证认知任务完成的重要前提(陈双,周加仙,2023)。根据皮亚杰的认知发展理论,学前儿童处于前运算阶段,他们的思维是表面的、原始的。而以教师传授为主,以黑板、模型、实物等为辅助工具是幼儿园的传统教学模式,这种教学模式难免枯燥乏味,难以吸引幼儿的注意力。但是,与传统的教学模式不同的是,人机互动有较强的感官刺激,能够迅速吸引幼儿的注意力(许清凝,2022),让教学过程和活动充满活力。幼儿的视觉与听觉因色彩鲜艳的图片、动作逼真的视频、欢乐优美的音乐而受到刺激,因此处于兴奋状态,从而幼儿的注意难以被其他事物吸引(许梦冉,2022),专注于与教师和屏幕的互动。在课堂中创设动态情境是人机互动教学的显著优势之一,能够有效吸引幼儿的学习目光,提高他们参与活动的积极性,从而推动活动的顺利进行。此外,幼儿普遍具有强烈的好奇心,对新鲜事物具有一探究竟的意识动向,这也就决定了教学模式必须具有生动性和趣味性。相对于传统的静态教学模式,人机互动教学让整个活动过程活起来了,能将普通的文本教学内容转化为生动的画面或图片,让幼儿能够在趣味元素的引领下树立强烈坚定的学习信念,这无论是对幼儿的学习还是构建高效的教学过程都具有重要的促进作用(张辉,2022)。

(三) 记忆力

幼儿的记忆主要依靠机械识记,而且大多是形象记忆。相较于传统的教学模式,人机互动教学作为多媒体教学的一种形式,通常以动画和图像为主要形式,能够帮助幼儿增强视觉记忆能力,帮助其更好地识别物体及其颜色,能够激发幼儿的好奇心,在短时间内将幼儿的听觉、视觉调动起来,让其获得更加直观的感受,更容易接受所学知识(许梦冉,2022)。人机互动在一定程度上可以促进幼儿记忆力的发展,首先,人机互动过程中的游戏、任务、故事为幼儿提供了多种形式的刺激,如动画、声音、视觉、互动等,这些刺激对幼儿的学习和记忆具有积极作用。其次,人机互动提高了幼儿信息处理的速度,人机互动中的信息以快速、瞬间传递为特征,这就要求幼儿对信息进行快速处理和记忆,最终幼儿的信息加工速度和记忆能力得到显著提高。最后,人机互动可以优化幼儿的记忆策略,幼儿在人机互动的过程中可以形成优化的记忆策略,例如通过游戏记忆数字、字母、图形等,从而提高记忆效率和准确率。

（四）执行功能

执行功能作为一种高级的认知能力，能够对个体的思想、情绪和行为进行有意识地调节和控制，一般认为执行功能的三个核心成分是：抑制控制、工作记忆和认知灵活性（Lehto，Juujärvi，Kooistra & Pulkkinen，2003）。抑制控制是指控制自己的注意力、行为、思想和情绪以抵制强烈的内部倾向或外部诱惑，从而做出更加合适的行为的心理过程；工作记忆是指在头脑中保存信息并对信息进行处理的心理过程；认知灵活性是指改变应对问题的观点和方法，灵活地适应新情景或规则的一种能力（Diamond，2013）。良好的执行功能对幼儿的学业成就、认知、社会和心理发展来说都至关重要（Kenny，Cribb & Pellicano，2019）。

人机互动需要幼儿的积极参与。它具有适应性（能够对幼儿的反应做出独特的回应），并且能为幼儿的学习提供认知支持和社会反馈线索（Troseth，Russo & Strouse，2016）。人机互动具有多种特征，如反应性（reactive）、互动性（interactive）、渐进性（progressive）和促进共同注意（promote joint attention）（Christakis，2014）。其中互动性是最显著的特征，即幼儿可以通过点击、拖拽、滑动、模仿等形式实现与机器的互动（Hassinger-Das，Brennan，Dore，Golinkoff & Hirsh-Pasek，2020）。在人机互动的过程中，幼儿更容易将人机互动看作是一种游戏活动，幼儿有更多的认知参与和身体活动，这会激发幼儿的认知体验；同时在这个过程幼儿会积极参与并获得丰富的触觉接触和互动体验。

（五）语言

语言是一种综合的认知加工，其与一般认知能力（如思维）的发展存在密切关系，因此信息技术对幼儿语言发展的影响也是认知发展的重要部分。语言发展需要大量的言语材料输入，包括成人跟幼儿交流、阅读等（陈双，周加仙，2023）。在幼儿语言课堂教学中，通过对传统教学班和人机互动教学班教学效果进行比较研究，记录课堂教学过程中的幼儿注意力不集中次数、回答问题次数、回答问题效果以及课后复述学习内容效果等数据，能够发现人机互动教学更有利于幼儿的课堂语言学习（何磊，王满华，杨薇薇，2009）。人机互动在幼儿园语言教学活动中的应用，能够为幼儿创设良好的语言教学环境。每一名幼儿在全新的智能科技空间内，都能表达自己内心的想法，进行多方面的语言思维构建。在吸引幼儿注意力融入语言教学活动中，教师运用人机互动的教学方法，促进幼儿在整个活动中保持良好的学习状态，让幼儿感受到多媒体技术带来的直观形象空间，并能与教师和伙伴积极地进行语言表达，在愉快的语言教学环境中，幼儿感受到熟悉的环境，从而能在多元立体的教学环境中顺利地进行语言互动。传统教学模式中，教师能够提高课堂质量的方式就是展示图片，但是这种方式在后续教学过程中难以激发幼儿的学习兴趣。而在人机互动的教育环境中，教师能够灵活利用人机互动的教学模式，高效积极地构建有趣的语言环境,促进语言教学活动的顺利开展,在动静结合的状态下激发幼儿产生语言表达的动力,树立幼儿语言表达的信心,让幼儿学会社交互动中的语言技能(刘彩虹,2021)。

幼儿园中人机互动与教育活动相融合,能够为幼儿提供良好的教育环境,在激发幼儿语言能力形成的同时,顺应教育改革的新方向,为幼儿的学习创造高质量、高效率的语言教学活动,为幼儿积极地进行语言互动提供机会,从而提高幼儿的认知水平,促进幼儿综合素质发展。在现代科技融入幼儿园的教育教学实践活动中,多媒体技术的应用成为幼儿园教育发展的必然趋势。随着科学技术不断发展,幼儿园语言活动实践中遇到的各种教学制约因素,可以通过与多媒体技术的结合得到有效解决。运用科学合理的技术教学手段,可以唤醒幼儿,加深幼儿的感受,鼓励幼儿参照生活情境,整合语言信息,表达自我,在师幼互动中增进感情,培养幼儿在交往互动中语言表达的意识,增强表达的信心。

(六) 审美能力

教师在使用人机互动教学时,能够使得画面呈现整齐、比例、对称、均衡、多样等形式美,这些画面能够在无形中培养幼儿的审美能力。此外,人机互动教学可以打破时间、空间、地域的界限,展现不同地域的特色;在主题教学中,教师可以通过人机互动教学模式向幼儿展示世界不同类型的建筑物,让幼儿了解不同建筑物的布局、结构、色彩、造型上的特点,感受不同国家、民族、地区的建筑之间存在的异同;缩短幼儿与世界的距离,使其更好地感受异国他乡的美丽(许梦冉,2022)。人机互动可以丰富幼儿的审美体验,人际互动过程中通常包含着丰富的图像、音频和视频,这些内容可以提供不同的视听体验,帮助幼儿更好地感知艺术和美学。幼儿的审美视野也可以得到扩大,通过人机互动,幼儿可以接触到更多种类的艺术作品,包括绘画、雕塑、音乐、舞蹈等。更重要的是,人机互动可以提高幼儿的美感表达能力。人机互动过程中的美学元素可以激发幼儿对美的感知和理解,帮助其表达自己对于美的感知,还能够为幼儿创造美学体验,通过制作、创意和互动等方式,培养幼儿的审美思维和艺术能力。

(七) 社会性发展

人机互动会对幼儿的自我意识和社会情绪产生重要影响。首先,人机互动可以增强幼儿的自我认知能力,它可以帮助幼儿更好地认识自己,通过人机互动教学过程中的画面、图片和视频等丰富形式,幼儿可以像照镜子一般,发现自己的优点,了解自己的不足,从而增强自我认知能力。其次,幼儿可以通过人机互动学习如何理解、表达和管理情绪,掌握人际交往的技能(许清凝,2022),如通过视频中的任务形象,将自己置于相似情景当中,在教师科学的引导和帮助之下,幼儿进一步理解他人因不同的情感而表达出来的多样的情绪,从而联想自身的情绪情感表达,在此过程中学习并提高与他人沟通表达的能力。此外,人机互动可以提高幼儿的自我调节能力,人机互动中的互动游戏和任务需要幼儿学会自我调节,控制情绪。如教师可以利用人机互动的教学模式帮助幼儿通过多种形式了解当遭遇失败或未能够完成任务时，故事、图片、视频中的人物形象管理和表达自己的情绪的方法，并通过游戏、任务、小组合作等多种形式教会幼儿将学习到的控制和调节情绪的方法运用到实践当中，从而提高自我调节能力。最后，人机互动可以增强幼儿的自信心，人机互动过程中简单的任务可以为幼儿提供成功体验，通过完成任务或达成目标等方式，帮助幼儿建立自信心，降低焦虑和紧张情绪。

人机互动在一定程度上可以促进幼儿同伴关系的发展。一是促进幼儿社交技能的学习，人机互动提供了与他人互动的场景，如在线游戏、小组合作等，在这些情景下幼儿潜移默化地与伙伴进行交流与互动，为幼儿提供了学习社交技能的机会。二是给幼儿提供共同体验的机会，一些游戏和活动让幼儿通过合作的方式完成相同的挑战，为达到共同的目标而共同努力，在此过程中相互合作的幼儿有了相同的体验感，这有助于幼儿建立共同体感和互助合作精神。三是增加幼儿社交互动的频率，不同于以往幼儿被动接受教师传授知识的教学模式，人机互动提供的多样的学习模式，能够让幼儿有更多的机会与更多的同伴进行社交互动，在互动的过程中发展同伴关系和社交技能。

此外，人机互动可以促进幼儿树立社会责任感。首先，人机互动可以为幼儿提供在线社会实践的机会，人机互动过程中包含了与社会实践相关的内容，例如环境保护、公益活动等，这些在线实践内容在一定程度上可以弥补现实生活中社会实践难实施、时间长、安全得不到保证等不足，从而丰富教学形式，促进幼儿的生活实践体验。其次是可以培养幼儿的道德理念，游戏和任务中设有明确的道德标准和价值观，例如诚实、友善、公平等，幼儿在完成任务的过程中潜移默化地接受了社会道德和价值观的教育，如在交通规则模拟情境中，幼儿可以身临其境地体验遵守交通规则的生活经验，也可以通过视频了解和学习不遵守社会规则所带来后果，这有助于培养幼儿正确的道德理念，提高幼儿的社会责任感。人机互动还可以激发幼儿对社会问题的关注，幼儿可以通过人机互动接触到更多社会问题的信息，例如贫困、失业、疾病等，让幼儿感受他人的困难，激发幼儿关注社会问题的意识，产生共情，培养同理心，并且在教师的引导下能够从自身视角出发，积极为解决社会问题建言献策。

综上所述，人机互动会对幼儿多方面都会产生重要影响。但是，人机互动既有利也有弊，教育工作者和家长应该合理掌握和引导幼儿的使用方式和内容。如果幼儿只是单方面地接受屏幕内容，不仅人机互动的优势得到不体现，还会导致幼儿依赖屏幕；如果幼儿沉迷于人机互动的游戏中，可能会导致他们与家人和同龄人的交往越来越少；如果幼儿过度依赖人机互动的游戏，他们可能会对现实世界失去兴趣，从而导致孤僻。因此，幼儿要在教师和家长正确、科学、合理的引导下与屏幕媒体进行积极、有效的互动，使得人机互动的积极作用得到充分发挥，避免或减少其负面影响。此外,家长和教师应该鼓励幼儿将在人际互动教学中学到的社交技能引用于真实的社交互动和学习活动中,不仅可以提升幼儿学以致用的能力,还可以培养提高幼儿独立思考的能力,促进幼儿综合素质的全面发展。

二、人机互动教学设计

当今信息技术高速发展,互联网以其数据存储和呈现的优势,为人们提供了新的信息交流方式。在幼儿教育中,互联网以更形象、更生动、更易引发儿童兴趣以及让他们接受的新的交互方式,为教师提供了更加有趣和有力的新教学途径。

虚拟现实技术(Virtual Reality)是一种综合了一系列高新技术的计算机领域新技术,它主要采用计算机、头盔显示器、数据手套等高科技设备为用户建立起一个实时互动的三维虚拟世界,通过多种传感设备使用户"投入"到该环境中,实现用户与该环境直接进行自然交互的技术,具有仿真性、沉浸性、感觉反馈和交互性等特征(王蕊,金玲,方兴武,2017)。自 20 世纪 90 年代初以来,虚拟现实技术作为一种新型的教学媒介,其教育应用一直是教育研究领域开发的热点方向之一。在幼儿教育中,逐渐出现了许多基于屏幕的人机互动式教学方式与活动设计。

(一)人机交互技术下教学活动的设计理念

人机交互技术的交互性是用户通过交互界面生成的虚拟环境,并从虚拟环境中获得相应的信息反馈(Wu, Su & Wei, 2020)。行为交互是指用户自身通过与交互设备创建的虚拟空间中的对象进行交互而发出的行为。在此期间,交互设备捕捉交互行为的数据,并分析系统传输的数据,从而可以将反馈信息实时直接传输到控制设备,用户可以感受到触摸交互设备中的物体所带来的真实体验(Gong, Xie & Wang, 2021)。人机交互模式下的学前儿童教育主要是一种将人机交互技术与教育教学相结合的新型教学模式(Alkatheiri, 2022)。在具体的课程实施过程中,教师通过交互式设备系统(如屏幕)创建交互式设备指令或教学任务与情境,将传统课堂师生之间的单线教学模式拓展为"教师、设备(屏幕)、学生"的立体化、跨多向的学习活动模式,丰富教学课堂的互动感,如图 6-1 所示。

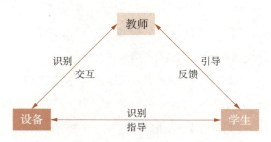

图 6-1 教师、设备和学生互动的示意图

在人机互动教学中，人与内容互动是其关键特征。从互动内容来看，基于人机互动的教学可分为带交互式屏幕教学、带问答的交互式屏幕教学、带交互式画面的屏幕教学；从互动方式来看，人机互动可分为任务定制式交互教学、会话式交互教学和探索式交互教学。从认知学习理论的视角来分析，人机交互式教学有助于提升学生自由探索和自主学习的能力。从教育神经科学的视角来分析，人机互动教学可以提高学生的学习兴趣、注意力与主动性——带有互动特征的教学方式可以将学生从被动的接受转为主动的参与者，使学生拥有更强的代入感、沉浸感与临场感，能激发学生学习的兴趣，降低学生中途放弃学习的风险。相对于传统的单向教学来说，这种互动教学会在一定程度上增强了学生的学习动机、学习参与度和注意力，进而提升学生的学习效果（周加仙，高于婷，张志聪，陈丹，2022）。

1. 基于建构主义学习理论的人机互动教学设计

建构主义学习理论是认知学习理论的一个重要分支，该理论中学习观强调（何克抗，1997），学习的主动建构性、社会互动性和情境性三方面。学习的主动建构性是指幼儿能够主动地对已有知识经验进行综合、重组和改造，从而用以解释新信息，并最终建构属于个人意义的知识内容。虚拟现实技术支持下的人机互动能够通过设计相应的情境和声音，唤起幼儿已有的知识经验。同时幼儿在此基础上，根据人机互动式教学对已有知识经验进行重组和改造，加工成新信息或用以解释以往的经验，最终收获新的知识与能力。社会互动性主要表现为学习者和学习都不是孤立的，而是在一定的社会文化环境下进行的。虚拟现实技术支持下的人机互动为幼儿的学习提供了幼儿与幼儿之间、幼儿与情境之间以及幼儿与机器之间的交互机会。同时，体感交互技术可以培养与环境无缝连接的教学任务，使幼儿能够通过亲自实践来遵循屏幕任务。学习的情境性主要指学习、知识和智慧的情境性，认为知识是不可能脱离活动情境而孤立存在的。虚拟现实技术支持下的人机互动能有效地建构贴近幼儿学习和生活的环境，并在实际的课堂中通过屏幕展现出来，为幼儿营造一种"现实情境"，有助于幼儿在这种交互情境中探索与学习。虚拟现实技术支持下的人机互动的特性能够充分体现这三个观点，从而有效地创设建构主义学习环境，使幼儿可以进行自由探索和自主学习，激发幼儿的学习积极性，帮助幼儿建构当前所学知识的意义（罗绮霞，1999）。

2. 基于沉浸感神经机制的人机互动教学设计

沉浸感是一种非常积极的心理状态，通常当一个人感知到某一情境下的挑战难度（如游戏竞技）与自己的能力相匹配时，就会出现这种状态（Csikszentmihalyi，1975）。对于学生来说，学习的沉浸感是指学生集中精力完成学习任务时的一种任务导向、认知效率和情感愉悦的心理状态。当沉浸式体验发生时，人的呼吸会变得更慢、更有规律，脉搏减慢，但我们对此的感觉并不明显（Beard，2015）。沉浸感在现

167

代科技中得到了广泛应用,如虚拟现实、增强现实等。

基于沉浸感神经机制的人机互动可以通过以下方式实现:利用生物反馈技术,如心率传感器、皮肤电池等,来检测用户情绪变化,并相应地调整系统反馈,以提高沉浸感;使用头戴式显示器、手套感应器等沉浸式设备,使用户完全沉浸在虚拟环境中,让其感觉到与真实世界脱离;利用神经网络技术来预测用户下一步的行为,优化系统反馈,使之更符合用户期望,从而提高沉浸感;利用语音、手势等自然交互方式,尽可能降低用户使用技术的门槛,增加用户的参与度和沉浸感。在幼儿教育中,我们可以通过语音、手势和动作等自然交互方式,使幼儿和屏幕所提供的任务情境产生联结,提升幼儿学习的沉浸感。观看高沉浸度的虚拟现实视频与阅读低沉浸度的普通文本所激发的认知、身体表征、神经活动显然是不同的(Wan & Guo, 2020),主要体现在脉搏率、注意力得分、放松得分的比率和脑中 Alpha 功率的变化上。研究发现,与这些生理、心理指标相一致,学生在与高沉浸感的虚拟现实视频互动时,几乎不会感觉到时间的流逝,心情平静、轻松;而在学习略显枯燥的文字材料时,学生会感觉到时间的流逝,并有轻微的烦躁感,从而影响答题的效果,也就是说沉浸感低。由此可见,人机互动的教学模式比传统的单向输入获得的沉浸感更高。而充满沉浸式体验的互动智慧课堂可以借助技术手段,为幼儿创造一个良好的沉浸式学习环境,从而在一定程度上改善幼儿的主观学习体验,提高学习效果。

3. 基于临场感神经机制的人机互动教学设计

基于临场感神经机制的人机互动教学,是一种基于脑功能神经科学的教学模式,它可以通过计算机、虚拟现实等技术手段,在用户与屏幕之间建立起交互式的信息传递链,从而使学生在屏幕与虚拟的环境进行交互,以达到教学目的。它的设计和应用可以帮助学生在虚拟的环境下感受到真实的临场感,提高学习效果。因此,对于设计出更加符合学生需求的人机互动教学平台就显得尤为重要。在现实世界,人类的临场感从出生时就开始形成;而在虚拟环境中,人类的临场感来源于个体作为独立形式存在于虚拟世界的一种感觉(Heater & Carrie, 1992)。也就是说,在虚拟现实环境中,尽管人的身体处于现实环境中的物理位置上,但可以在虚拟-现实环境中拥有临场感,即拥有虚拟情境中的体验(Hale & Stanney, 2002)。可见,临场感是网络环境和虚拟环境所固有的重要属性。因此,在幼儿教育中的人机互动教学可以充分利用这个属性,让幼儿在学习过程中尽可能的获得临场感体验,进而提高教学效果。但需要注意的是,儿童的内侧前额叶皮层尚未完全发育成熟,大部分执行功能也还不够完善,导致儿童的临场感联结模式与成人学习者显著不同,因此在设计面向儿童的人机互动教学活动时需要遵循儿童临场感发展的规律,儿童学习者与成人学习者不一样的神经和认知加工规律,减少认知负荷,以确保教学设计的有效性。

（二）人机交互技术应用于幼儿教学的优势及原则

1. 人机交互技术应用于幼儿教学的优势

学前儿童的思维处于具体形象思维阶段，他们的学习需要感性材料的支持。虚拟现实和人机交互技术不仅能以丰富多样、直观形象的表现形式满足幼儿的好奇心，使幼儿"多方位"地认识事物，激发幼儿的学习兴趣，提高教学效率，还能对幼儿行为或表现给予及时的反馈，形成互动，更好地促进幼儿认知的发展（王蕊，金玲，方兴武，2017）。

（1）激发幼儿的学习兴趣。个体获取信息的渠道 83% 来自视觉，11% 来自听觉，这两个加起来就是 94%。还有 3.5% 来自嗅觉，1.5% 来自触觉，1% 来自味觉（鲍建国，王洁，2005）。幼儿通常对新颖的事物充满好奇心，而虚拟现实技术和人机交互模式能够以多种丰富的图像，加之声音效果的配合，多感官共同参与等形式呈现出更具有趣味性和互动性的教学内容，能够更有效地吸引幼儿注意力，激发幼儿的好奇心，从而使其产生学习欲望，培养相应的学习动机。

（2）提高幼儿的学习效果。虚拟现实技术和人机交互模式是创设教学情境最有效的工具，它通过视觉、听觉、触觉等多种感官的刺激，创设生动形象、丰富多变的学习情境和教学情境。将静态转为动态，将抽象的内容具体形象化，将生活经验再现于课堂中，能够营造宽松自然愉悦的学习环境，使幼儿能够融入到教学活动当中，提高教学效果，实现教学效果最优化，也能弥补幼儿因经验不足而很难进行抽象知识学习的缺陷，帮助幼儿建立自己的知识结构（Stella & Madalena，1999），便于儿童对教学重难点的理解和掌握，有效地促进幼儿对新知识的理解和接受。因此，人机交互技术支持下的教学情境有利于展现良好的教学效果，实现教学效果的最优化。

（3）提高参与活动积极性和主动性。虚拟现实技术和人机交互模式不仅对幼儿的视觉、听觉、触觉等各种感官给予刺激信息，让幼儿沉浸在一个动态的、形象的情境当中，而且还可以让幼儿直接与计算机生成环境中的各种对象进行交流和互动，自由地操作和控制虚拟现实中的学习环境，主动地去探索和发现新知识，同时虚拟现实技术还可以根据幼儿反馈的信息适时地调整、呈现新的学习内容，调动幼儿参与教学活动的积极性和主动性。

2. 人机交互技术应用于幼儿教学的基本原则

在运用人机交互技术进行幼儿教学时，幼儿教师要结合教学内容、幼儿的年龄阶段和认知特点、幼儿已有的经验进行教学，对教学目标和过程要有明确的认识和理性的思考，不可盲目的为了技术而选择技术进行教学。运用人机交互技术应坚持的基本原则如下。

（1）科学性和教育性。在运用虚拟现实技术进行幼儿教学时，选取或设计的教学软件既要生动有趣，同时还要符合现代科学的基本原理，能够正确展现科学知识和现代科学技术发展水平。除此之外,教学软件所表现的图像、声音、色彩,都要符合科学的要求,不能因片面追求图像的美观、声音的悦耳、色彩的鲜艳而失去了真实性(薛庆文,2007)。幼儿教师在利用虚拟现实技术进行教学时要根据教学的内容、幼儿的年龄阶段及认知特点,选择合适的、能够促进幼儿发展的教学内容,同时也要注意到不是所有的教学活动都适合用虚拟现实技术进行教学,虚拟现实技术只是我们幼儿教育教学的一种媒介和方法,不能替代师幼之间的互动与联结(庞丽娟,2003)。因此,幼儿教师在进行教育教学时要正确处理好虚拟现实技术与幼儿教学之间的关系(任春亮,2006),把技术适时、恰当地运用到教学活动中,才能更好地发挥它应有的价值和作用。

(2)游戏性和趣味性。在确保教学内容的科学性与教育性后,应保证幼儿能够在使用虚拟现实技术时体验到兴奋和愉快。幼儿的学习是以直接经验为基础,在游戏和日常生活中进行的。要珍视游戏和生活的独特价值,创设丰富的教育环境。优秀的虚拟现实应用对幼儿来说应该像一款好玩且具有教育价值的游戏一样,能够吸引他们的注意力。

(3)实践性和发展性。随着信息技术和网络技术的发展,现代教育技术与教学的整合已成为当前课程改革的一个热点。但现代信息技术的最大特点就是更新换代速度快,是一个不断变化的、发展的动态过程,这就要求幼儿教师必须坚持"以幼儿发展为本"的理念,不断更新信息技术观念,坚持与时俱进,提高教学水平(焦艳,于开莲,易进 2006)。在教学过程中能够灵活地运用虚拟现实技术,实现信息技术与教学的有机统一,能够用好、用活虚拟现实技术。幼儿教师在选择或设计虚拟现实教学软件时,可根据具体的教学目标和教学过程,并结合"全美幼儿教育软件评价的十条标准",选择或开发最适合幼儿学习的虚拟现实教学软件与内容。

三、基于人机互动的社会—情绪学习

基于以上所阐述的人机互动下的教学优势与原则,未来可以考虑在虚拟现实技术下的人机互动模式的基础上,设计出符合幼儿年龄特点、认知特点和能力的社会—情绪学习活动。这充满挑战,但也具有一定的意义。以现有初步的基于人机互动的社会—情绪学习课程为例,简单介绍在设计活动中需要注意的几个方面。

首先,选择恰当的互动工具。在设计课程时,需要选择适合幼儿认知水平的互动工具。比如,可以使用视频展示和体感交互等工具,它们能够吸引孩子的注意力,加深理解和提高参与度。

其次,设计情境化的场景。幼儿通常对情境化的场景更容易接受和理解。在设计课程时,可以采用情境化的场景进行教学,例如,在"我是情绪消防员"的活动中,

将幼儿生气的感受比喻成了火焰,将平静下来的步骤比喻成灭火(想想生气的原因,想想解决办法,腹式呼吸)。在此过程中,幼儿不仅能通过观看动画理解所教授技巧的内容,也能够通过体感交互共同练习腹式呼吸。

再次,引导幼儿情感体验。情感体验是幼儿社会—情绪学习的重要内容。在课程设计中,可以设计师幼互动、幼幼互动、人机互动等环节,为幼儿提供情感体验的机会。如在"看得见的情绪"活动中,教师先根据视频,对幼儿进行启发式提问,引导幼儿初步认知基本情绪,并唤起已有的生活经验。然后通过大屏幕展示"情绪大脑"的视频 3D 动画,使幼儿进一步了解情绪发生的原因以及调节情绪的办法。之后,教师引导幼儿站在大屏幕前,通过体感交互技术,练习"掌中大脑"的调节情绪的办法。

最后,教师要根据幼儿在活动中的表现和反应,及时地介入,进行师幼互动,启发幼儿积极地参与到每一个环节,更好地促进幼儿社会—情绪能力的发展。虚拟现实技术虽然为幼儿提供良好的"人机互动",但无论虚拟技术的发展达到何种程度,它都不能取代教师和幼儿之间的"人际互动"。人机交互技术需要在教师的选择和指导下,适时、恰当地运用到教学活动中,才能更好地发挥应有的价值和作用。

总之,基于人机互动技术设计一堂幼儿社会—情绪学习课程,需要综合考虑以上几点,以确保教学效果最大化,并帮助幼儿全面发展。

第二节 基于人机互动的学前儿童社会—情绪学习活动案例与分析

案例 20：看得见的情绪（大班）

内容分析

1. 内容概况：通过"动""看""学""玩""结"5 个环节和幼儿一起走近情绪，并借用自己的手掌比喻"大脑"，形象地解释了大脑调控情绪的功能，以便幼儿在未来生活中遇到强烈情绪时能第一时间认识到自己的"掌中大脑"是什么样子的，从而更好地控制自己的情绪。

2. 核心概念：有研究发现，5—6 岁幼儿能够意识到采用元认知情绪调节策略（Metacognitive Regulation）可以缓解自己的强烈情绪（Davis，2010）。也就是说，幼儿可通过了解情绪产生的过程，改变自己的想法，从而缓解情绪，解决问题。因此，让幼儿认识人在不同状态下大脑是如何工作的，"理智脑"和"动物脑"与情绪之间的关联，可以帮助幼儿更好地理解情绪和管理情绪。

每个人都有情绪，这是很自然的。情绪更是幼儿是否得到满足的一种心理状态。同时，幼儿年龄决定了他们调节情绪的能力是有限的，因此幼儿很容易受情绪控制，出现哭闹、生气、愤怒等行为。《3—6 岁儿童学习与发展指南》在健康领域中也提出相关的教育建议：帮助幼儿学会恰当表达和调控情绪。

学情分析

1. 关于幼儿发展现状：幼小衔接阶段的幼儿不仅要学会表达自己的情绪，还要学着尝试控制情绪。教师可以通过教授幼儿使情绪平静下来的策略，指导他们对自己的情绪进行调节。在学习平静下来的技巧前，先让幼儿认识生气时大脑是如何工作的，这是很重要的。因此，本课程旨在帮助幼儿了解"掌中大脑"的作用，让幼儿意识到当自己有强烈感受时，应该先平静下来,避免出现伤害自己和他人的行为。

2. 关于幼儿发展需求:5~6 岁是幼儿发展的关键期,在此阶段帮助幼儿了解大脑在平静和愤怒情绪作用下的工作状态具有非常重要的意义。这不仅让幼儿认识到大脑的工作机制,也认识到了自身情绪管理的重要性。

活动目标

1. 通过"掌中大脑"的操作,了解情绪与人脑之间的联结。

2. 分享自己排解情绪的方式,逐渐形成积极、乐观的态度。

活动准备

1. 经验准备:具备通过观察来识别他人情绪的经验,如开心、生气、伤心、惊讶、害怕等。

2. 材料准备:课件动画。

活动过程

环节一:【动】热身

1. 游戏导入:和小柄一起玩游戏。

2. 介绍游戏:"在河里、在岸上"。

规则:幼儿分两队在河的两边面对面站好;听老师指令"在河里"与"在岸上"做相应跳进跳出的动作;做错动作,则犯规一次,要回到椅子上休息。

3. 幼儿分两队快速反应游戏。

衔接语:看来你们都是玩游戏的高手,让我们一起来看看小柄是怎么玩游戏的吧。

环节二:【看】导入

过渡语:小柄在玩游戏的时候总是被淘汰出局,一开始小柄只是有一点生气,可连续玩了几次,小柄总是做错动作,他感到越来越生气,生气的程度从 1—5,他感到头都炸开了!

关键提问:

1. 为什么小柄越来越生气?

2. 在生气的状态下,他能玩好游戏吗?

小结:当我们在情绪激动的时候是很难保持冷静的,也很容易做出伤害自己和他人的事情。

环节三:【学】知识解析

1. 播放动画,初步了解"掌中大脑"。

关键提问：你们听到了什么？

2. 教师讲解帮助幼儿回顾与理解（结合手势理解）。

小结：当我们的大脑盖子打开时，显示的是"动物脑"，这个时候我们的情绪可能不受控制；如果想要让我们的情绪受控制，就要盖上我们的大脑盖子，这个时候就是"理智脑"。

环节四：【玩】互动练习

游戏："理智脑"还是"动物脑"

游戏规则：每4人一组来到屏幕前确认位置，仔细观察屏幕中间出现的图片，判断是"理智脑"还是"动物脑"。如果属于"理智脑"就双手握拳放于身前，表示大脑盖子盖起来；如果属于"动物脑"就把双手举高，表示大脑盖子打开。但只有一次选择机会，选择正确即可得分。

小结：你们真厉害，通过观察，一下子就能分辨出是"理智脑"还是"动物脑"。

环节五：【结】活动总结

1. 出示图片，观察讨论。

过渡语：看来这些都难不倒你们，接下来还有2张图，请你们来试试看！

（出示幼儿处在黑暗的空间时和当幼儿被晚接时的场景图，辅助教师说明。）

关键提问：

（1）这是"动物脑"还是"理智脑"？

（2）如果你是他的话，你会怎么做来让自己的"理智脑"回来呢？

2. 小柄课堂

小结：看来，当出现"动物脑"的时候，我们要努力把大脑盖子盖上，让"理智脑"起作用；刚才大家也想了很多办法，让我们的"理智脑"更快地发挥作用，你们真棒！希望你们今后也能更好地使用"掌中大脑"来控制好自己的情绪。

东方幼儿园　刘肖媛

教学活动分析

在环节一中，热身游戏锻炼了幼儿执行功能中的工作记忆（幼儿需要记住每种指令相对应的动作是什么），认知转换（当不同的指令出现时要迅速改变自己的动作）和抑制控制（根据指令切换的速度，适时地做出相应的动作），还为下一环节中"小柄做游戏"做了铺垫。

在环节二、三中，通过人机互动的形式，为幼儿提供掌握关于情绪认知和行为知识的经验。在人机互动中，幼儿有机会理解情绪激动时大脑的活动状态，有助于他们更好地理解自己的情绪，理解为什么有时会情绪失控，并且通过人机互动学习如何以恰当的方式表达消极情绪以及如何能够使自己平静下来。这种视觉、听觉和动作的结合，不仅将幼儿从被动的接受者转为主动的参与者，还为幼儿的学习增添许多代入感、体验感和趣味性，在一定程度上促进幼儿认知的发展。例如，在环节二中，屏幕上播放的动态视频能够以非常具体的形象向幼儿展示生气的不同程度，以及环节三中生气时大脑的工作机制，让幼儿能够清楚、深入地了解愤怒情绪产生后的身体感觉和行为表现。

总之，该活动能够通过人机互动和师幼互动的方式向幼儿展示"掌中大脑"，帮助幼儿理解情绪产生的原因以及控制愤怒情绪的办法，在人机互动中刺激幼儿的听觉和视觉感官，在多感官参与下，优化幼儿的学习效果，促进幼儿认知和社会-情绪的学习。

案例 21：我是情绪消防员（中班）

内容分析

1. 内容概况：通过"动""看""学""玩""结"5 个环节和幼儿一起了解《我是情绪消防员》中主人公小柄生气时的感觉、生气的原因以及生气后的解决方法，以便幼儿在未来生活中遇到生气、愤怒等强烈情绪时能理解背后的原因，并运用腹式呼吸，缓解自己的情绪。

2. 核心概念：生气是人的一种原始情绪反应，也是幼儿常见的一种强烈情绪（刘金花，1997）。理解生气背后的原因（情绪归因的理解），即在一定的情境中，个体对他人的情绪体验，以及使他人产生情绪体验的情境作出原因性解释和推断的能力（李燕，2014），有助于培养幼儿观点采择的能力,促进亲社会行为的发展。良好的情绪调节能力,如体察自己的情绪并尝试缓解,生气时尝试腹式呼吸,能帮助幼儿有更好的社会适应能力(李燕,2014)。

学情分析

1. 关于幼儿发展现状:通过观察与研究,我们发现中班幼儿情绪较为不稳定,他们很容易生气,而他们的负面情绪主要来自需要未得到满足、同伴交往中的冲突以及成人的批评。中班幼儿受年龄特点和认知水平的限制,思维发展以知觉行动思维和具体形象思维为主,自我发展主要以自我为中心,较多关注自身的需要以及需要没有被满足时的情绪感受,但是在情绪发生时又缺乏正确表达的能力,所以了解基本的情绪词汇以及学会正确表达自身以及他人情绪是提高幼儿情绪能力的基础,并且这需要教师进行引导、培养。

2. 关于幼儿发展需求:幼儿通常认为生气是不好的,我们应强调每个人都有生气的时候,这是很正常的。同时,为了帮助中班幼儿提升应对生气情绪的能力,我们借助小柄的角色,和幼儿共同解读、讨论人物遭遇的情绪事件和情绪反应,来帮助幼儿提升识别、理解、平复"生气"这一强烈情绪的能力。

活动目标

1. 识别生气的情绪,并能够正确地表达自己的情绪。
2. 通过游戏互动,知道腹式呼吸与普通呼吸不一样。
3. 知道运用深呼吸的方式平复生气的情绪。

活动准备

1. 经验准备:有过观察识别他人的情绪的经验,如开心、生气、伤心、惊讶、害怕等。(已经学习过《情绪宝宝来做客》)
2. 材料准备:课件动画。

活动过程

环节一:【动】热身

1. 打招呼:大家好,很高兴见到你们! 今天,我们来聊一聊情绪。

2. 互动游戏:小柄说

过渡语:在正式开始之前,我们来进行一个热身游戏,名字叫做"小柄说",请听游戏规则:

1. 当你们听到"小柄说"＋一个指令的时候,你们就要做出相应的动作,比如:小柄说:举起双手,这时候我们就要举起双手。

2. 当你们只听到一个指令,如"拍拍手",你发现前面并没有"小柄说"的时候,你们就要保持前一个动作不变,保持手举起来,因为没有"小柄说"。

好,现在我们来尝试玩一下,看小朋友们是否都理解规则了。请所有小朋友起立。小柄说:双手摸头;小柄说:蹲下;双手叉腰;小柄说:单腿站立。现在我们4人一组,轮流上来试一试这个游戏。

游戏结束:哇,我们的冠军是谁呢? 让我们为他/她送上掌声吧,其他小朋友也很厉害哦。

环节二:【看】导入

1. 导入主题,了解生气是一种的情绪(播放小柄生气的图片或动画)。

过渡语:有趣的游戏结束了,你们现在的心情是怎么样的呢? 我们来看一个简短的动画,动画片里面的小朋友他怎么了?

播放动画:小柄生气。

2. 关键提问:你发现了什么? 小柄怎么了? 你从哪里看出来的(为什么你觉得他是生气不是开心?)

小结:小柄生气了,他的眉毛皱起来、脸上红红的,还握紧了拳头。

3. 关键提问:请你们猜一猜小柄可能是因为什么事生气呢? (请幼儿联系自己的生活经验说一说)

小结:嗯,你们说的都有可能。在生活中,我们会因为各种各样的事情生气,其实生气是一种很正常的情绪。那我们一起来看看小柄到底因为什么事情生气的。

播放动画:小柄被抢玩具。

环节三:【学】知识解析

1. 梳理经验,获得调节生气情绪的方法。

2. 关键提问:小柄为什么生气?

哦,原来他在地板上开心的玩着玩具小汽车,突然被别人抢走了,所以他特别生气。生气之后我们需要冷静下来,然后去思考解决问题的方法,那你们有没有办法能帮助他呢? 想想你生气的时候怎样冷静的?(请幼儿根据已有经验,提出建议。)

过渡语:听了小朋友的建议,小柄决定还是先冷静下来再想解决办法,现在让我们看一看小柄是怎么做的?

3. 播放动画《我是情绪消防员》

小柄想到了,他要当自己的情绪消防员,让自己冷静下来。

"生气就像大台风,生气就像大火球。我想跺脚我想跑,我想大叫我想哭。打人骂人不文明,我们要做好宝宝。我要做个消防员,快快把火来扑灭。找个地方静一静,一二三吸气,二二三吐气。我是情绪消防员,我能扑灭生气火。一二三吸气,二二三吐气。"

关键提问:小柄是怎么做的呢?

对,他通过深呼吸的方法尝试让自己冷静下来的,这种方法叫深呼吸,也叫做腹式呼吸。腹式呼吸和我们平时呼吸有一点点不一样。把你的小手放在自己的腹部就是小肚子上,假装我们的肚子是一个气球,当我们深吸一口气的时候,气球变得鼓鼓的;当我们呼出一口气的时候,气球又变得扁扁的。好,我们来练习一下,一——二——三——,吸气!肚子鼓鼓!一——二——三——,吐气!肚子气球没气了!你的手会随着肚子上下起伏,这就是腹式呼吸。我们再来练习一下:一——二——三——,吸气!二——二——三——,吐气!现在我请2位小朋友上来展示一下,我会把手放到他们的肚子上,看看他们的肚子有没有起伏。一——二——三——,吸气!二——二——三——,吐气!他们做的对吗?对的,他们做的非常好,请为他们鼓掌吧。

过渡语:小柄冷静下来了,看看他有没有想到解决办法吧。

4. 播放动画:小柄想办法。

小结:你们看小柄冷静下来之后,很快就想到了很多办法,比如:可以让他等一下,也可以给他其他的玩具,也可以和他交换玩具玩,还可以找老师或爸爸妈妈寻求帮助。所以,当我们生气的时候,让自己冷静下来是非常重要的,只有让自己冷静下来了,才能想到解决问题的办法。

过渡语:其实,在我们的日常生活中,当我们生气了,可以向小柄学习,做腹式呼吸,或者画画、听音乐、找好朋友玩等等,还可以用吹手指、吹气球、吹蜡烛的方法让自己先冷静下来。

环节四:【玩】互动练习

1. 扑灭生气之火

过渡语:现在,我们来挑战一个游戏,扑灭自己的生气之火,就是假装自己生气了,头顶上会有 3 把火焰,我们要用吹手指的方法把火扑灭。先看老师演示吹手指的方法吧:首先,把一只手抬高,手掌放在嘴巴前面,然后张开手指,最后从大拇指开始,依次对着手指吹气,一直吹到小拇指。记住,游戏过程中一定不能移动手肘,如果乱动,火苗会扑不灭的哦,清楚了吗?

我们试试,手抬高,手掌放在嘴巴前面,手指张开,一——二——三——,开始吹气! 记住一定不能移动手肘哦,(幼儿跟着老师做动作)嗯,再来一遍,一——二——三——,开始! 非常好,现在你们都掌握了方法,我们开始挑战游戏吧。

2. 邀请幼儿进行游戏体验

先请这边的 4 名小朋友站到我们的屏幕前,好的,都已经就位了,准备好了吗? 那我们开始咯,看看谁是最快灭火的消防员。三——二——一——,开始!

游戏结束:哇,你们真是太厉害了,都扑灭了自己的生气之火,都能成为自己的情绪消防员。

关键:你们在吹灭火苗的时候,感受到跟你们平时呼出来气有什么不一样吗?

是的,我们刚刚也是用到腹式呼吸里面的——呼气。

环节五:【结】活动总结

小柄课堂:小朋友们,每个人都会有生气的时候,这很正常,重要的是,我们要记住,当我们生气的时候,首先要平复自己的情绪,让自己冷静下来,我们可以做自己情绪的消防员,做腹式呼吸,也可以吹手指。

现在我们一起做个小小的深呼吸练习的游戏,结束今天的情绪探讨。大家可以感受一下,深呼吸给我们带来的神奇魔力——平静的力量。伸出你的一只手,另一只手的一只手指变成毛毛虫。将毛毛虫放在山脚下,进行准备。毛毛虫慢慢往山上爬的时候,慢慢地鼻子吸气,当你的毛毛虫下山时,嘴巴慢慢地呼气。再一次,到了第二座山,鼻子慢慢地吸气,嘴巴慢慢地呼气。今天,我们都学会了做自己的情绪消防员,以后当我们生气的时候,都可以用到这些方法先让自己冷静下来,然后再去想解决问题的办法。好的,今天的活动就到这里了,再见。

上海青浦区世界外国语幼儿园　陈晨

教学活动分析

首先,在环节一中,热身游戏不仅调动了儿童的身体运动,而且锻炼了幼儿执行功能中的工作记忆,认知转换和抑制控制。

其次,环节二、三中的动画,从视觉、听觉两个方面刺激幼儿的感官,不仅能够抓住幼儿对教师以及课堂的注意,还使得幼儿对课堂互动的兴趣得以维持,减少因活动时长延长或活动形式单一而让幼儿失去兴趣的风险,保证活动顺利和高效地进行。

最后,在环节四中,幼儿通过人机互动,以吹灭火苗的形式帮助动画人物灭火,不仅帮助幼儿将情绪形象化、具体化,同时还让幼儿学会控制、缓解情绪的办法。

最重要的是,通过人机互动与教师引导相结合的形式,幼儿在静态与动态的情境下完成情绪控制的学习,这使得幼儿多方面(如注意、记忆力、身体健康、执行功能等)的能力和水平得以发展,同时幼儿参与互动的积极性也得以提高。总之,在该活动中,人机互动教学让幼儿能够在参与活动时有较高的积极性和兴趣。

案例 22:情绪宝宝来做客(小班)

内容分析

1. 内容概况:通过"动""看""学""玩""结"5 个环节和幼儿一起学习《情绪宝宝来做客》这一故事内容。该故事以四个情绪宝宝来小柄家中做客为背景,激发幼儿对基本情绪的感知和理解,并通过观察情绪宝宝的面部表情,着重了解不同情绪的表现。

2. 核心概念:幼儿心理理论中强调儿童对简单面部表情和引起这些情绪的情境的识别。面部表情是人们情绪体验的外在表现,根据面部表情可以推测一个人的情绪状态。作为提高情绪调节能力的基础,教师可以帮助幼儿先认识基本情绪,从而更好地了解自己当前的情绪状态(李燕,2014)。

学情分析

1. 关于幼儿发展现状:幼儿阶段的情绪发展是儿童早期教育中非常重要的一个方面。在这个阶段,幼儿开始从完全依赖父母或照顾者的情绪反应和安慰,逐渐过渡到自我调节情绪。幼儿阶段的情绪发展是多方面的,包含识别、表达、理解和调节情绪的能力,以及对他人情绪的共鸣。这些能力的发展并非一蹴而就,而是一个逐渐积累和完善的过程。在这过程中,帮助幼儿了解四种基本情绪是认识情绪的第一步。

2. 关于幼儿发展需求:喜怒哀惧是我们最常见的四种基本情绪。对于小班的幼儿来说,识别和命名不同的情绪可能是一项挑战。幼儿还没有足够的词汇量或者情绪经验来表达自己或他人的情绪。为了帮助小班幼儿认识和识别四种基本情绪,我们创造了一个温馨、支持的环境,将四种情绪拟人化变成四个情绪宝宝,同时通过故事讲述、角色扮演和情绪讨论的方式,培养幼儿对情绪的感知、理解,为他们的社会-情绪发展打下基础。

活动目标

1. 尝试根据不同的表情和动作,初步认识和理解基本情绪(快乐、悲伤、愤怒、害怕)。

2. 在互动讲述、游戏中,乐意表达和分享自己对情绪的理解。

活动准备

1. 经验准备:小班幼儿对于情绪有过基本的体验。

2. 材料准备:情绪宝宝照片;小柄动画;互动游戏人物图片。

活动过程

环节一:【动】导入

音乐律动"请你跟我这样做",游戏玩法:

● 准备:让幼儿站起来,留出足够的活动空间;

● 规则:根据教师的口令,做出相应的动作。

● 步骤:

(1)幼儿根据老师的口令和示范做出相应的动作,如:当教师说"请你跟我这样做"并拍拍手时,幼儿就说"我就跟你这样做"也拍拍手;

(2)教师再给出几组动作口令和示范后,可以根据背景音乐,适当调整动作的速度和难度。

（3）增加难度，在"请你跟我这样做"并拍拍手后，加上表情。（如幼儿先前对此游戏有所接触，可增加此环节，加上情绪。引导幼儿模仿以下情绪。）

指令：　　　　　拍手＋快乐的情绪

踩脚＋生气的情绪

蹲下＋害怕的情绪

叉腰＋伤心的情绪

过渡语：刚刚我们和好朋友一起做了表情小游戏。快乐、生气、害怕、伤心这些都叫做情绪。今天情绪宝宝们还到小柄家做客了，我们一起去看看吧。

环节二：【看】导入主题——了解喜怒哀惧是四种基本情绪。

动画片段一：情绪宝宝来做客

"咚咚咚"正在家里拼拼图的小柄忽然听到门外传来了敲门声。小柄打开门，看到四个小朋友，问："你们是谁啊？"

"（开心愉悦的语气）是我啊，小柄你好，我是'快乐宝宝'！"

"（情绪低落的语气）是我啊，小柄你好，我是'伤心宝宝'！"

"（怒气冲冲的语气）是我啊，小柄你好，我是'生气宝宝'！"

"（声音小小的语气）是我啊，小柄你好，我是'害怕宝宝'！"

"原来是情绪宝宝啊？欢迎你们来我家做客！快进来，我们一起来做游戏吧！"小柄赶忙把情绪宝宝请进了门。

关键提问：谁来小柄家做客了？情绪宝宝有哪些地方不一样？（引导幼儿从颜色、表情来观察和表达）谁愿意来学一学？（可以让小朋友们猜猜他是什么情绪）

小结："快乐宝宝"、"伤心宝宝"、"生气宝宝"和"害怕宝宝"，一共四位宝宝来小柄家做客。接下来会发生什么事情呢？

环节三：【学】知识解析

一、梳理经验，通过不同的面部和动作识别不同的情绪

（播放动画）

"快乐宝宝"和小柄一起拼拼图，"快乐宝宝"的嘴巴微微向上翘，脸上始终洋溢着开心的笑容。（暂停动画）

1. 关键提问："快乐宝宝"和小柄一起玩得怎么样？你从哪里看出来的？

小结:"快乐宝宝"嘴巴微微向上翘,脸上有开心的笑容,他和小柄玩得真开心(引导幼儿仔细观察"快乐宝宝"表情)

(继续播放动画)

就在小柄和"快乐宝宝"正玩得开心的时候,忽然听到一阵哭声,原来是一旁的"伤心宝宝"不小心碰倒了"生气宝宝"刚刚搭好的积木城堡。只见"生气宝宝"脸色通红,眉毛竖了起来,一边用力地跺着脚,一边大声喊道:"你为什么要碰坏我的积木城堡!为什么。""伤心宝宝"一句话也没有说,只是一个劲儿地哭,眼泪把衣服都打湿了。

2. 关键提问:发生了什么事情?"生气宝宝"生气的时候是什么样的?那"伤心宝宝"又是什么表现呢?谁来学一学?你什么时候会生气、伤心呢?(帮助幼儿识别、理解、表达生气、伤心的情绪)

小结:"伤心宝宝"不小心碰倒了"生气宝宝"的积木。"生气宝宝"气的小脸通红,眉毛都竖了起来,一边用力地跺着脚,一边大声喊叫。"伤心宝宝"一句话也没有说,只是一个劲儿地哭。这可怎么办呀?谁来帮帮他们?(鼓励幼儿为"伤心宝宝"、"生气宝宝"想方法。)

谢谢你们帮"伤心宝宝"、"生气宝宝"想办法,看看小柄是怎么做的?

二、正确认识害怕的情绪

(播放动画)

小柄和"快乐宝宝"赶忙跑过来。小柄把"生气宝宝"拉到一边,对他说:"不要生气了,我想'伤心宝宝'不是故意的,城堡倒了没关系,我们帮你一起再搭。""快乐宝宝"帮"伤心宝宝"擦去泪水,安慰他说:"不要哭了,你去向'生气宝宝'道个歉,告诉他,你不是故意的,他一定会原谅你的!""伤心宝宝"点了点头。(暂停动画)

1. 关键提问:小柄和"快乐宝宝"是怎么帮助"伤心宝宝"和"生气宝宝"的?

小结:小柄请"生气宝宝"到一边,并答应它之后一起帮忙拼城堡。"快乐宝宝"去安慰"伤心宝宝",去向"生气宝宝"道个歉。

(继续播放动画)

这时,从墙角传来一个小小的声音:"你们不要再吵架了,我……我……我害怕……"大家一看,原来是"害怕宝宝"躲在墙角里,吓得缩成一团,手还有一点微微发抖。小柄一看,连忙说:"不吵了,不吵了,我们都是好朋友,大家一起玩!"

就这样一场小小的风波结束了,小柄和四个情绪宝宝又开始一起愉快地游戏了。

2. 关键提问:是谁躲在墙角不敢说话啊?你有没有害怕的时候?你的表现和"害怕宝宝"一样吗?(鼓励幼儿根据自己的经验回答问题,可以引导幼儿做出害怕时的动作和表情)。

小结:原来躲在墙角的是"害怕宝宝"啊,他吓得缩成一团,手都在发抖。我们每个人都会有害怕的时候,我们害怕时可以去找爸爸妈妈或者老师帮忙。

环节四:【玩】互动练习

互动游戏:《跟着做》

规则:

(1)屏幕上会出现不同的情绪表情卡片;

(2)随机选择一张情绪卡片,然后幼儿模仿做出相对应的肢体动作或表情神态;

(3)看看最后,谁的得分最高。

环节五:【结】活动总结

小柄课堂:小朋友们,今天我们一起认识了四个情绪宝宝,他们分别是"快乐宝宝"、"伤心宝宝"、"生气宝宝"和"害怕宝宝",他们不但会去小柄家做客,也会到我们每个小朋友家做客。你一定要把每个情绪宝宝的脸记清楚,这样他们来做客的时候你才不会认错哟!遇到闹脾气的情绪宝宝也不怕,我们一起开动小脑筋,想出好办法,和每个情绪宝宝都成为好朋友!

小结:今天我们跟着小柄一起认识了四位情绪宝宝,在生活中我们可能还会遇到其他情绪宝宝,每种情绪都是正常的,希望小朋友能和每一位情绪宝宝成为朋友。

徐泾第二幼儿园　朱燕

教学活动分析

首先,在环节一中,教师通过音乐律动的方式帮助幼儿活动舒展自己的身体，在活动开始就紧抓幼儿的注意力，保证幼儿对活动有较高的兴趣。

其次，在环节二、环节三中，根据幼儿的思维具有泛灵论的特点，将情绪进行拟人化，结合幼儿的生活经验——做客，让情绪宝宝到主人公家去做客。从幼儿的实际生活出发，教师通过提问，幼儿对每个环节的情节进行思考，如遇见"生气宝宝"和"伤心宝宝"发生争吵了应该怎么办？在生活中有遇见让自己害怕的场景吗？如果害怕会怎么做？贴合幼儿生活，符合幼儿园教学生活性、活动性游戏性的特点。在环节四中，教师运用互动游戏，幼儿从玩中学，根据屏幕上的情绪卡片做出相应的肢体动作或神态，进一步巩固了刚才所学的情绪。

最重要的是，通过人机互动与教师引导相结合的形式，幼儿在静态与动态的情境下完成情绪控制的学习，这使得幼儿多方面（如注意、记忆力、身体健康、执行功能等）的能力和水平得以发展，同时幼儿参与互动的积极性得以提高。总之，在该活动中，人机互动教学让幼儿能够在活动时有较高的兴趣和参与度。

第三节　人机互动技术支持下的儿童观察与评估

社会能力主要指个体对其周围自然环境和社会需要的适应与应对的能力,是儿童心理发展的重要组成部分,也是当今国际上公认的诊断和评估儿童精神发育迟滞的重要辅助指标(刘宇,宋媛,梁宗保,柏毅,邓慧华,2012)。研究者指出,对于儿童社会能力的评估有助于发现幼儿的优势和不足,促进幼儿的成长和个性化教学。针对幼儿社会能力的评估,应将其纳入平时的教学活动之中,常用的评估幼儿发展的方法主要有问卷法和个别测试法。这两种方法在未来可以通过屏幕展示或人机互动技术得以实现。

一、基于屏幕的问卷评估工具

问卷调查可通过屏幕的形式展现给教师或家长,在教学或活动结束一段时间后,通过触屏的形式对幼儿进行评估,进而通过算法自动生成评估结果。运用算法,将以下幼儿社会与情绪适应与发展的问卷通过嵌入在屏幕之中。例如:通过父母和教师评价的嵌入人机互动的问卷,了解他们在日常生活中的亲社会行为、幼儿社会能力、情绪管理、情感表达、亲社会行为,以及注意力问题,情绪症状(如焦虑)、品行问题(如攻击)和同伴问题(如同伴拒绝)等。

二、基于体感互动技术的评估工具

将体感互动技术应用于评估领域的研究较少,但也有不少团队正在尝试开发新型的评估手段。如,利用 Kinect 体感交互技术进行人体上肢关节活动度的测量(瞿畅,丁晨,王君泽,高瞻,2014),这对运动能力的评估有一定的实际意义。还有研究者尝试使用 Kinect 体感互动方式,设计情境化的测验题目,用于学龄儿童的注意力检测,并在小范围被试中验证了该评估方式的有效性(李卉,王蔚,2014)。一款 Akili 筛查工具也被认为可能成为评估认知能力的新工具,可能有助于 ADHD 儿童的注意力诊断(Flynn, Nirmaliz Colón-Acosta, Zhou & Bower, 2019)。认知评估的研究多是开发人机互动游戏,利用这类"严肃游戏"评估测试对象的认知能力。例如,国外研究者基于经典心理测试设计了六款游戏,通过这六种游戏,测试记忆力、执行功能、注意力和认知灵活性(Valladares-Rodriguez, Pérez-Rodriguez, Fernandez-Iglesias, Anido-Rifón, Facal & Rivas-Costa, 2018)。体感互动技术还能够评估视觉工作记忆、选择性注意等认知和行为特征的概况(Sharifara, Bab, Rajavenkatanarayanan, Collander & Makedon,2018),这在研究中已经得到了验证。

当前的各种体感互动评估工具,基本都能与传统的神经心理测验结果一致,但他们同时又具备传统测验工具所没有的优势。首先,提高了评估结果的可靠性。传统的神经心理测验在多次试验重复后,操作方式已经固定化,难以针对特殊儿童进行合理调整。而体感互动技术则可以通过操纵复杂的测试刺激更精确地测量参与者的反应,提高神经心理学评估的可靠性(Rizzo, Buckwalter, Bowerly, Van, Humphrey & Neumann, 2000)。其次,增强了评估过程的沉浸感。与传统方法相比,沉浸式和桌面式的评估使被试更有积极性和参与性(Alrehaili & Osman, 2019)。通常体感互动任务的界面设置更为生动有趣,颜色鲜艳,还有声音反馈。体感互动教育游戏可以尽可能做到寓教于乐,在高兴趣性与强沉浸感的娱乐中提高教育效果(Hu, Zhu & Chen, 2019)。最后,降低了评估操作的难度。当前的评估测验大多要求施测者具备评估资质,而体感互动设备只需了解体感设备的使用即可施测。同时,传统的测验评估时间较长,有些任务难度并不适用于特殊儿童,体感互动评估则较为灵活,可以按实际情况调整测验时长与难度。且体感的方式更为灵活,可以在家庭、学校等场合使用,随时反映儿童的实际情况。

综上所述,体感互动技术应用于评估的优势不仅仅在于操作简单、评估结果准确,还有助于被试在评估过程中产生积极情绪体验。这是传统的神经心理测验缺少的优点。且体感互动任务在认知评估领域存在巨大潜力,体感评估工具的软硬件开发,评估信效度的探索都是值得研究的领域。

1. 抑制控制任务

Go/No Go 任务是研究反应停止能力的一种常用范式。此任务通常是随机交替呈现两个不同的字母或图案,要求被试对其中的某个刺激作反应(所谓的 Go 反应),而对另一个刺激不反应(所谓的 No Go 反应)。对 No Go 刺激的错误反应通常被认为是反应停止困难的一项指标。

张玉凤根据 Go/No Go 任务,改编为符合幼儿游戏的体感打地鼠任务,考察的是儿童选择性抑制的能力,要求被试在看到地鼠时快速挥动手臂打击地鼠,看到兔子时不反应。体感打地鼠任务分为练习部分和正式实验部分,练习部分的"优势形成"只呈现地鼠,与"规则练习"共同帮助被试了解规则学会正确操作任务。正式实验部分与练习部分刺激呈现的时间都是 2000 ms,刺激呈现的间隔为 1500 ms。在实验过程中,若被试正确击打中地鼠,会发出"太棒啦"语音反馈,且会呈现头冒金星动画效果;若击打兔子,则会发出"打错了"语音反馈,且呈现兔子哭泣的动画效果。呈现的洞口数量为 6 个,地鼠和兔子出现的比率是 7∶3,实验时间共为 5 分钟(张玉凤,2021)。

未来也可以根据头脚肩膝任务(HTKS)进行改编与测试,要求被试在游戏过程中做出与口令相反的动作。整个任务也可分为练习部分和正式实验部分,在被试了解规则后,正式进入测试环节。在测试过程中,语音播放四种指令(如:摸摸你的头,摸摸你的脚,摸摸你的肩膀,摸摸你的膝盖),幼儿在游戏过程中要做的行为是与他所说的口令相反的。错误回答记 0 分,自我修正作答记 1 分,每次正确回答记 2 分。

2. 工作记忆任务

张玉凤设计体感记忆任务,考察的是儿童的工作记忆能力,关注于儿童在短时间内记目标刺激及其空间位置的能力。任务开始后,页面会呈现 5 种蔬菜或水果,过程持续 5 000 ms;随后刺激界面消失,出现 5 个小火箭替代 5 种蔬菜水果此过程耗时 1 000 ms;随后语音播报需被试回忆位置的目标刺激,时间为 2 000 ms;被试需在 8 000 ms 内做出反应,计算机会对被试的反应给予反馈,反应正确界面会出现放烟花的声音与图像,时间为 2 000 ms,反应错误则会出现一团灰色的气体,并伴随"噗"的声音,时间为 3 000 ms。儿童做出反应立即进入下一题,若 8 000 ms 未做出反应也会跳转至下一题,该任务共有 20 道题,整个过程约耗时 5 分钟。

3. 其他任务

除了测评幼儿的执行功能发展水平以外,未来可根据已有的游戏任务开发更多其他的评估工具,如,捕捉基于人机互动技术的幼儿运动能力和同伴互动情况等。

三、基于人机互动技术开发幼儿评估工具的利与弊

从技术角度来看,基于人机互动技术开发幼儿评估工具是机遇,也是一种挑战。首先,利用科技手段开发幼儿评估工具可以提高评估的准确性,减少评估的主观性,进而提高评估的可信度。其次,基于人机互动技术开发的幼儿评估工具可以节省时间和人力资源,提高评估的效率。最后,幼儿评估工具的开发需要根据科学的评估标准进行,从而能够建立一个标准化的评估模型,使得评估结果更加客观。

技术是一把双刃剑,在看到其带来的优势的时候,我们也要关注其局限性:这种评估工具的开发需要使用成熟的技术,如果技术不够稳定,可能会导致数据的不准确;基于人机互动技术的评估工具不能完全代替传统的专业的评估量表,可能会存

在忽略幼儿的个性以及家庭背景等因素的情况，使得评估结果并不全面。

综上所述，基于人机互动技术开发幼儿评估工具既有利，也有弊，如果能够合理利用技术特点和优势，控制技术风险并重视评估的标准及客观性，这种评估工具可以为幼儿教育提供更有价值的参考。

鲍建生,王洁,顾泠沅.(2005).聚焦课堂:课堂教学视频案例的研究与制作[M].上海:上海教育出版社.

蔡荣华,关敏.(2019).浅谈幼儿教育中计算思维的培养[J].中小学电教:综合(10),47-49.

陈会昌,张宏学,阴军莉,等.(2004).父亲教养态度与儿童在4—7岁间的问题行为和学校适应[J].心理科学,27(5),1041-1045.

陈丽苗.(2020).机器人园本课程对5—6岁幼儿创造力培养研究[D].杭州师范大学.

陈双,周加仙.(2023).智能终端对儿童认知发展的影响及教育对策[J].现代教育技术(02),43-51.

陈维维.(2020).学龄前儿童人工智能启蒙教育的研究现状与实践路径[J].电化教育研究(09),88-93.

陈亚平.(2012).幼儿图画书阅读与幼儿审美能力的发展[J].江苏教育学院学报(01),72-74.

程秀兰,沈慧敏.(2021).幼儿计算思维培养的途径与方法——基于编程教育的视角[J].陕西学前师范学院学报(03),16-23+47.

代光光.(2021).小学教育中机器人编程的计算思维探究[J].科幻画报(05),87-88.

戴蒙.(2015).儿童心理学手册(第6版.第3卷):社会、情绪与人格发展[M].上海:华东师范大学出版社,30.

丁芳.(2002).论观点采择与皮亚杰的去自我中心化[J].山东师范大学学报(人文社会科学版)(06),111-113.

丁海东.(2003).学前游戏论[M].大连:辽宁师范大学出版社.

冯璇坤,刘春雷.(2018).互联网+学前教育的必然、概念与发展路径[J].基础教育研究(18),91-92.

高月梅,张泓.(2005).幼儿心理学[M].杭州:浙江教育出版社,227.

高竹青.(2016).社会情绪教育对大班幼儿外化问题行为影响的实证研究[D].上海师范大学.

公孙一菲.(2018).中班幼儿社会技能训练干预课程的设计与实施[D].上海师范大学.

龚泉.(2015).促进幼儿积极情绪体验的幼儿园课程实践——以科学领域活动为例[J].早期教育(教科研版)(06),40-42.

郭晓俊,徐雁,林大勇.(2006).人际交往能力是大学生应具备的重要素质[J].西昌学院学报(社会科学版)(03),86-88.

韩进之,等.(1985).心理学[M].北京:商务印书馆,74.

何克抗.(1997).建构主义——革新传统教学的理论基础(上)[J].电化教育研究(03),3-9.

何磊,王满华,杨薇薇.(2009).多媒体在幼儿语言教学中应用的效果研究[J].现代教育技术(09),58-61.

黄丽红.(2007).幼儿园良好环境的创设[J].教育评论(4),2.

姜勇,李艳菊,黄创.(2015).3-6岁幼儿同伴交往能力影响因素模型[J].学前教育研究(5),10.

蒋小涵.(2020).编程教育对培养大班幼儿计算思维可行性的实践研究[D].上海师范大学.

焦艳,于开莲,易进.(2006).计算机与幼儿园课程的整合[J].学前教育研究(05),23－26.

瞿畅,丁晨　王君泽,高瞻.(2014).基于Kinect体感交互技术的上肢关节活动度测量方法[J].中国生物医学工程学报(01),16－21.

康长运.(2002).图画故事书与学前儿童的发展[J].北京师范大学学报(人文社会科学版)(04),20－27.

康长运.(2007).幼儿图画故事书阅读过程研究[M].北京:教育科学出版社.

劳拉·E·贝克.(2002).儿童发展[M].吴颖,等,译.南京:江苏教育出版社.

李卉,王蔚.(2014).基于Kinect体感交互的儿童注意力测评系统[J].现代教育技术(07),120－126.

李燕,贺婷婷,俞凯,等.(2010).父母对孩子消极情绪的反应方式及其与幼儿社会技能关系的研究[J].心理科学(02),452－455.

李勇.(2015).幼儿自我管理能力发展及影响因素研究[D].西华师范大学.

梁斌.(2020).后现代主义视角下的儿童图画书创作及其教育价值[J].学前教育研究(11),75－80.

梁兵.(1993).试论教学过程中师生人际关系及其影响[J].新疆大学学报(哲学社会科学版),(03),13－18.

林崇德,王耘,姚计海.(2001).师生关系与小学生自我概念的关系研究[J].心理发展与教育(04),17－22.

林崇德,张文新.(1996).认知发展与社会认知发展[J].心理发展与教育(01),6.

刘彩虹.(2021).多媒体在幼儿语言教学中的应用研究[J].智力(36),172－174.

刘佳宜.(2020).融合设计思维的初中micro:bit创客学习活动的设计与实施[D].上海师范大学.

刘江艳.(2015).幼儿园图画书教学的价值与实施策略[J].学前教育研究(07),70－72.

刘君艳.(2017).基于PTD框架的小学ScratchJr教学设计与实践[D].上海师范大学.

刘丽红.(2013).图画书阅读对于幼儿想象的激发[D].云南师范大学.

刘丽娟.(2017).以幼儿人际交往为核心的社会与情绪学习课程实践研究[D].上海师范大学.

刘婷.(2010).情绪主题图画书促进幼儿情绪能力发展的行动研究[D].西南大学.

刘文.(2002).3～9岁儿童气质发展及其与个性相关因素关系的研究[D].辽宁师范大学.

刘宇,宋媛,梁宗保,柏毅,邓慧华.(2012).幼儿社会能力与行为评定简表的国内应用研究[J].东南大学学报(医学版)(03),268－273.

卢谢峰,韩立敏.(2008).家庭社会经济地位对小学生自我概念的影响[J].中国心理卫生杂志(01),24－25.

罗绮霞.(1999).虚拟现实技术与建构主义学习环境的创设[J].华南师范大学学报(自然科学版)(02),6.

马涛,赵峰,王有学,高洁.(2019).海淀区中小学人工智能教育发展之路[J].中国电化教育(05),128－132.

马向真,王章莹.(2012).论情绪管理的概念界定[J].东南大学学报(哲学社会科学版)(04),58－61＋127.

马玥莹.(2019).主题性音乐活动对中班幼儿情绪理解能力培养的行动研究[D].吉林外国语大学.

欧文·戈夫曼.(2008).日常生活中的自我表演[M].黄爱华,冯钢,译.杭州:浙江人民出版社.

庞丽娟.(2003).图画书:教师与儿童发展[M].北京:北京师范大学出版社.

庞丽娟.(1991).幼儿同伴社交类型特征的研究[J].心理发展与教育(03),19－28.

彭懿.(2008).图画书:阅读与经典[M].南昌:二十一世纪出版社,22.

皮亚杰.(1996).发生认识论原理[M].王宪钿,译.北京:商务印书馆,5.

钱文.(2015).3—6岁儿童自我意识及其发展[J].幼儿教育:教育教学(5),3.

钱亚兰.(2007).环境也创造人——浅谈幼儿园环境创设与幼儿发展[J].吉林教育(教科研版)(04),38.

任春亮.(2006).信息技术与学科教学整合相关概念辨析[J].产业与科技论坛(03),124-125.

上海宝山区《幼儿园情感课程》课题组.(1995).幼儿园情感课程的研究与实践[J].上海教育科研(01),36-47.

邵洁.(2006).浅析幼儿园班级的环境创设[J].当代教育论坛(18),48-50.

松居直.(2009).我的图画书论[M].郭雯霞,徐小洁,译.上海:上海人民美术出版社.

松居直.(2013).幸福的种子[M].刘涤昭,译.南昌:二十一世纪出版社.

万晶晶.(2002).初中生友谊发展及其与攻击行为的关系研究[D].华中师范大学.

王爱民,任桂英.(2004).中美两国儿童自我概念的比较研究[J].中国心理卫生杂志(5),294-296.

王殿玉.(2020).基于STEAM教育的小学micro:bit校本课程设计与实践研究[D].上海师范大学.

王礼申,谢丽芳.(2021).具身认知研究评述[J].韶关学院学报(07),83-87.

王蕊,金玲,方兴武.(2017).基于SWOT视角的"+幼儿教育"可行性研究[J].赤峰学院学报(自然科学版)(14),188-190.

王英春,邹泓.(2009).青少年人际交往能力的发展特点[J].心理科学(05),1078-1081.

王岳英.(2004).幼儿园音乐教育中情感体验的思考与实践[J].中小学音乐教育(06),31-32.

王悦敏.(2014).基于情绪控制与社会技能训练的害羞儿童干预研究[D].上海师范大学.

魏运华.(1999).父母教养方式对少年儿童自尊发展影响的研究[J].心理发展与教育(03),7-11.

文霞.(2011).不受欢迎幼儿的同伴关系干预的研究[D].内蒙古师范大学.

吴姗姗.(2020).教育机器人编程活动对5—6岁幼儿学习品质影响的行动研究[D].福建师范大学.

吴雪梅.(2005).社会智力的影响因素及培养[J].上海托幼(6),8-10.

武琬霄.(2012).以主题性音乐游戏为媒介促进小班幼儿情绪理解能力的实践研究[D].上海师范大学.

肖华锋.(2012).表演游戏促进大班幼儿情绪理解能力的行动研究[D].河南大学.

谢冬梅.(1999).试论幼儿主动性的培养[J].教育导刊(s6),32-34.

徐俊.(2011).教育戏剧:基础教育的明日之星[J].基础教育(3),68-74.

许梦冉.(2022).多媒体教学对幼儿发展的影响研究[J].名师在线(01),72-74.

许玭.(2017).学前儿童社会—情绪学习课程方案及其有效性研究[D].上海师范大学.

许清凝.(2022).浅析电子媒体对幼儿社会—情绪发展的影响[J].汉字文化(S1),219-220.

许苏,夏正江,赵洁.(2016)."社会与情绪学习"的理论基础与课程形态[J].外国中小学教育(02),61-64+36.

薛庆文.(2007).图画书:现代教育技术[M].北京:科学出版社.

严孟帅,乔治·贝利尔.(2021).具身认知理论中的教育戏剧:身体现象学视角[J].理论月刊(6),154-160.

颜洁,庞丽娟.(1997).论有利于儿童社会性发展的环境创设[J].学前教育研究(04),4.

颜友华.(2013).让信息技术为幼儿课堂教学增彩[J].中小学电教(下)(09),42.

阴亚萍.(2020).同伴交往能力对幼儿社会性发展的影响研究[D].信阳师范学院,65-67.

殷菁彤.(2016).社会情绪教育在减少中班幼儿内化问题行为中的应用研究[D].上海师范

大学.

张芳.（2014）.以情绪主题图画书为载体开展小班幼儿情绪教育的行动研究［D］.广西师范大学.

张辉.（2021）.发挥多媒体教学优势,优化幼儿园教学实效［J］.新课程(16),151.

张静.（2017）.利用表演游戏促进小班幼儿情绪理解能力的行动研究［D］.河北大学.

张丽华,杨丽珠.（2006）.三种情境下4—8岁儿童自尊发展的实验研究［J］.心理科学(2),327-331.

张文新.（1999）.儿童社会性发展［M］.北京:北京师范大学出版社.

张晓华.（2017）.教育戏剧跨领域教学:课程设计与教学实务［M］.北京:中国戏剧出版社.

张晓华.（2017）.教育戏剧理论与发展［M］.北京:中国戏剧出版社.

张玉凤.（2021）.体感互动技术应用于ADHD儿童执行功能评估:fNIRS的初步研究［D］.华东师范大学.

张月.（2020）.基于实物机器人的幼儿教学资源设计［D］.华中师范大学.

赵肖东.（2002）.为幼儿创设良好的社会环境和物质环境［J］.幼儿教育(01),36.

珍妮丝·英洛兰德·卡茨.（2015）.促进儿童社会性和情绪的发展［M］.洪秀敏,等,译.北京:机械工业出版社.

郑希付.（1998）.良性亲子关系创立模式［J］.湖南师范大学社会科学学报(1),5.

中华人民共和国教育部.（2012）.3—6岁儿童学习与发展指南［Z］.北京:首都师范大学出版社.

周加仙,高于婷,张志聪,陈丹.（2022）.互动视频教学的神经机制与可视化分析［J］.现代教育技术(09),19-30.

朱明明.（2020）.现代信息技术在学前教育中的应用［J］.启迪与智慧(中)(09),12.

邹涛涛.（2020）.面向计算思维培养的Scratch课程的教学设计与实践［D］.上海师范大学.

Alkatheiri, M. S. （2022）. Artificial intelligence assisted improved human-computer interactions for computer systems. *Computers and Electrical Engineering*, 101.

Alrehaili, E. A., & Osman, H. A. (2019). A virtual reality role-playing serious game for experiential learning. *Interactive Learning Environments* 30(2), 1-14.

Armoni M. （2013）. On teaching abstraction in computer science to novices. 32(3):265-284.

Beard, K. S. (2015). Theoretically Speaking: An Interview with Mihaly Csikszentmihalyi on Flow Theory Development and Its Usefulness in Addressing Contemporary Challenges in Education. *Education Psychology Review* (27),353-364.

Bers, M. U. (2020). *Coding as a playground: Programming and computational thinking in the early childhood classroom*. Routledge.

Booth C L, Mitchell S K, Barnard K E, et al. (1989). Development of maternal social skills in multiproblem families: effects on the mother-child relationship. *Developmental Psychology*, 25 (3):403-412.

Buhrmester, D., Furman, W., Wittenberg, M. T., & Reis, H. T. (1988). Five domains of interpersonal competence in peer relationships. *Journal of Personality and Social Psychology*, 55(6), 991-1008.

CASEL. （2020）. CASEL's SEL Framework: What are the Core Competence Areas and Where are They Promoted? https://casel.org/casel-sel-framework-11-2020/.

Chen, X., Wang, L., & Liu, J. (2012). Adolescent cultural values and adjustment in the changing Chinese society. In G. Trommsdorff & X. Chen (Eds.), *Values, religion, and culture in adolescent development*. 235-252.

Christakis, D A. (2014). Interactive media use at younger than the age of 2 years: time to rethink the American Academy of Pediatrics guideline? *JAMA pediatrics*, *168*(5), 399 – 400.

Csikszentmihalyi, M. (2000). Beyond Boredom and Anxiety. *Washington*: *Jossey-Bass Publishers*, 2 – 3.

Diamond, A. (2013). Executive functions. *Annual review of psychology*, *64*, 135 – 168.

Domitrovich, C. E., Cortes, R. C., & Greenberg, M. T. (2007). Improving young children's social and emotional competence: a randomized trial of the preschool "PATHS" curriculum. *J Prim Prev*, *28*(2), 67 – 91.

Edwards, D., Hunt, M. H., Meyers, J., Grogg, K. R., & Jarrett, O. (2005). Acceptability and student outcomes of a violence prevention curriculum. *Journal of Primary Prevention*, *26*, 401 – 418.

Fagot, B. I., & Gauvain, M. (1997). Mother-child problem solving: Continuity through the early childhood years. *Developmental psychology*, *33*(3), 480.

Flynn, R. M., Nirmaliz Colón-Acosta, Zhou, J., & Bower, J. (2019). A game-based repeated assessment for cognitive monitoring: initial usability and adherence study in a summer camp setting. *Journal of Autism and Developmental Disorders*, *49*(5), 2003 – 2014.

James Garbarino and Robert H. Abramowitz. (1992). Children and Families in the Social Environmen Aavailable at: http://works.bepress.com/james-garbarino/111.

Goleman D. (1995). Emotional Intelligence. New York: Bantam Books.

Gong, J. J., Xie, W. D., & Wang, J. H. (2021). Efficient Retrieval Method of Malicious Information in Multimedia Big Data Network Based on Human-Computer Interaction. In *Advanced Hybrid Information Processing*: *4th EAI International Conference*, ADHIP (2020). *Proceedings*, *Part I 4*. Springer International Publishing, 273 – 282.

Hartup, W. W. (1996). The company they keep: Friendships and their developmental significance. *Child development*, *67*(1), 1 – 13.

Hassinger-Das, B., Brennan, S., Dore, R. A., Golinkoff, R. M., & Hirsh-Pasek, K. (2020). Children and screens. *Annual Review of Developmental Psychology*, *2*, 69 – 92.

Heater, C. (1992). Being there: the subjective experience of presence. *Presence Teleoperators & Virtual Environments*, 1(2), 262 – 271.

Hu, X., Zhu, Z., & Chen, J. (2019). Design and Development of Meteorological Popular Science Games based on Somatosensory Interaction Technology in the Background of Big Data. *IEEE International Conference on Big Data Analytics*, 144 – 147.

Kam, C., Greenberg, M., & C Kusché. (2004). Sustained effects of the paths curriculum on the social and psychological adjustment of children in special education. *Journal of Emotional & Behavioral Disorders*, *12*(2), 66 – 78.

Kartal, M. S., & Ozkan, S. Y. (2015). Effects of class-wide self-monitoring on on-task behaviors of preschoolers with developmental disabilities. *Education and Training in Autism and Developmental Disabilities*, *50*(4), 418 – 432.

Katz, L., & Gottman, J.. (1993). Patterns of marital conflict predict children's internalizing and externalizing behaviors. *Developmental Psychology*, *1993*, *29*(6): 940 – 950.

Kenny, L., Cribb, S. J., & Pellicano, E. (2018). Childhood executive function predicts later autistic features and adaptive behavior in young autistic people: A 12 – year prospective study. *Journal of Abnormal Child Psychology*, *47*, 1089 – 1099.

Kerns, K. A., Klepac, L., & Cole, A. K.. (1996). Peer relationships and preadolescents' perceptions of security in the child-mother relationship. *Developmental Psychology*, *32*

(3)，457－466.

Kewalramari, S., Palaiologou, I., & Dardanou, M. (2020). Children's engineering design thinking processes: The magic of the ROBOTS and the power of BLOCKS (electronics). *Eurasia Journal of Mathematics, Science and Technology Education*, 16.

Ladd, G. W., Le Sieur, K. D., & Profilet, S. M. (1993). Direct parental influences on young children's peer relations.

Lehto, J. E., Juujärvi, P., Kooistra, L., & Pulkkinen, L. (2003). Dimensions of executive functioning: Evidence from children. *British journal of developmental psychology*, 21(1), 59－80.

Maria Nikolajeva, Carole Scott. (1998). How picture books work. Routledge, 4.

Papadakis, S., Kalogiannakis, M., & Zaranis, N. (2016). Developing fundamental programming concepts and computational thinking with ScratchJr in preschool education: a case study. *International Journal of Mobile Learning and Organisation*, 10(3), 187－202.

Papert, S. (1980). Mindstorms: Computers, children, and powerful ideas. *NY: Basic Books*, 244.

Riggs, N. R., Greenberg, M. T., Carol A. Kusché, & Pentz, M. A.. (2006). The mediational role of neurocognition in the behavioral outcomes of a social-emotional prevention program in elementary school students: effects of the paths curriculum. *Prevention science: the official journal of the Society for Prevention Research*, 7(1), 91－102.

Rizzo, A. A., Buckwalter, J. G., Bowerly, T., Van, D., Humphrey, L, & Neumann, U., et al. (2000). The virtual classroom: a virtual reality environment for the assessment and rehabilitation of attention deficits. *Cyberpsychology & Behavior*, 3(3), 483－499.

Rubin, K. H., & Rose-Krasnor, L. (1992). Interpersonal problem solving and social competence in children. *Handbook of social development: A lifespan perspective*, 283－323. Plerum Press.

Sadowski, W., & Stanney, K. M. (2002). Presence in virtual environments. In K. M. Stanney (Ed.), Handbook of virtual environments: Design, implementation, and applications (pp. 791－806).

Shapiro, E. S. (1981). Self-control Procedures with the Mentally Retarded. In M. Hersen, R. M. Eisler, & P. M. Miller (Eds). *Progress in behavior modification* (Vol. 12). Elsevier, 265－297.

Sharifara, A., Bab, A. R., Rajavenkatanarayanan, A., Collander, C., & Makedon, F. (2018). A Robot-based Cognitive Assessment Model based on Visual Working Memory and Attention level. *HCI international 2018 ON Human-Computer Interaction*.

Spitzberg, B. H. (1989). Issues in the development of a theory of interpersonal competence in the intercultural context. *International journal of intercultural relations*, 13(3), 241－268.

Stella, M., & Madalena T de Araújo Maria. (1999). Learning through virtual reality: a preliminary investigation. *Interacting with Computers*(4), 453－462.

Thorndike, E. L. (1920). Intelligence and its uses. Harper's Magazine 140, 227－235.

Troseth, G L., Russo, C. E., & Strouse, G. A. (2016). What's next for research on young children's interactive media?. *Journal of children and Media*, 10(1), 54－62.

Valladares-Rodriguez, Sonia; Pérez-Rodriguez, Roberto; Fernandez-Iglesias, J. Manuel; Anido-Rión, Luis; Facal, David; Rivas-Costa, Carlos (2018). Learning to Detect

Cognitive Impairment through Digital Games and Machine Learning Techniques. *Methods of Information in Medicine*, 57(4), 197 – 207.

Wan, B., & Guo, J. (2020). Learning Immersion Assessment Model Based on Multi-dimensional Physiological Characteristics. *IEEE International Conference on Power, Intelligent Computing and Systems* (ICPICS), 87 – 90.

Wang, H. Y., Huang, I., & Hwang, G. J. (2016). Comparison of the effects of project-based computer programming activities between mathematics-gifted students and average students. *Journal of Computers in Education*, 3, 33 – 45.

Wenz-Gross, M., Yoo, Y., Upshur, C. C., & Gambino, A. J.. (2018). Pathways to kindergarten readiness: the roles of second step early learning curriculum and social emotional, executive functioning, preschool academic and task behavior skills. *Frontiers in Psychology*, 09.

Wing, J. M. (2006). Computational thinking. *Communications of the ACM*, 49(3), 33 – 35.

Wu, Y. M., Su, C., & Wei, H. F. (2020). A study on the application of computer multimedia in chinese teaching of higher vocational colleges. Journal of Physics: Conference Series, 1533(2), 022059 (6pp).